나는 이때를 위해 지음받았다

You Were Made for This Moment
by Max Lucado

Originally published in English as *You Were Made for This Moment*
ⓒ 2021 by Max Lucado

Published by arrangement with Thomas Nelson,
a division of HarperCollins Christian Publishing, Inc. through rMaeng2, Seoul, Republic of Korea.
All rights reserved.

This Korean Edition ⓒ 2022 by Word of Life Press, Seoul, Republic of Korea.

이 한국어판의 저작권은 알맹2를 통하여 HarperCollins Christian Publishing, Inc.과
독점 계약한 생명의말씀사에 있습니다.
신저작권법에 의하여 한국 내에서 보호 받는 저작물이므로 무단 전재와 무단 복제를 금합니다.

나는 이때를 위해 지음받았다

ⓒ 생명의말씀사 2022

2022년 10월 28일 1판 1쇄 발행
2023년 2월 10일   2쇄 발행

펴낸이 | 김창영
펴낸곳 | 생명의말씀사

등록 | 1962. 1. 10. No.300-1962-1
주소 | 서울시 종로구 경희궁1길 6 (03176)
전화 | 02)738-6555(본사)·02)3159-7979(영업)
팩스 | 02)739-3824(본사)·080-022-8585(영업)

기획편집 | 유영란, 김민주, 박경순
디자인 | 조현진
인쇄 | 영진문원
제본 | 보경문화사

ISBN 978-89-04-16812-5 (03230)

저작권자의 허락없이 이 책의 일부 또는 전체를
무단 복제, 전재, 발췌하면 저작권법에 의해 처벌을 받습니다.

나는 이때를 위해 지음받았다

맥스 루케이도 지음
박상은 옮김

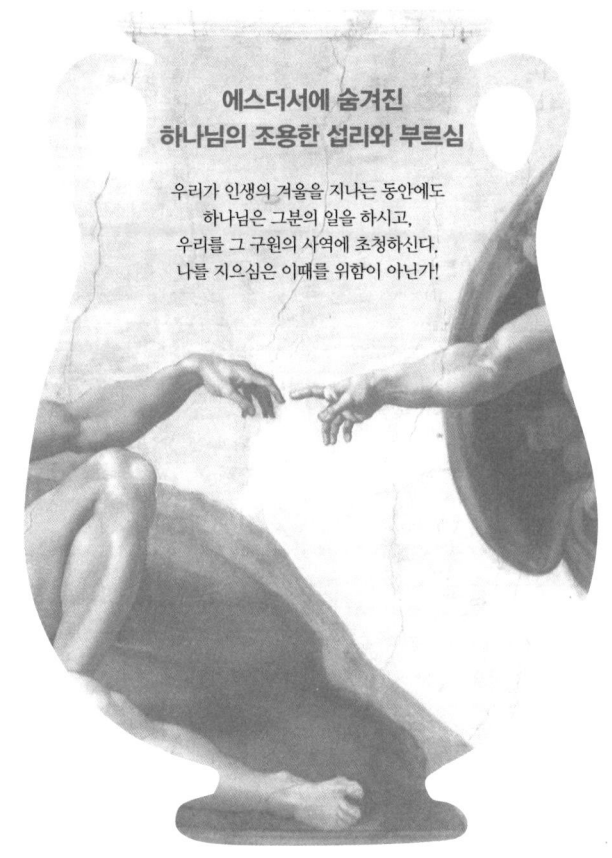

**에스더서에 숨겨진
하나님의 조용한 섭리와 부르심**

우리가 인생의 겨울을 지나는 동안에도
하나님은 그분의 일을 하시고,
우리를 그 구원의 사역에 초청하신다.
나를 지으심은 이때를 위함이 아닌가!

생명의말씀사

이 책에 대한 찬사

"지난 몇 년간은 결코 끝나지 않는 겨울 같았다. 우리는 전 세계를 뒤흔든 팬데믹과 정치적 혼란, 소요, 경기 침체 및 그 밖의 많은 것을 겪었다. 이런 시기에는 경험이 풍부한 사람의 인도를 받는 것이 도움이 된다. 나는 우리를 봄으로 인도해줄 사람으로 내 친구인 맥스 이상 가는 사람을 떠올릴 수 없다. 그의 펜 끝에서 흘러나오는 말들은 우리 영혼에 양약이다. 이 책을 읽고 당신에게 하나님의 은혜가 임하시게 하라."

– 더윈 L. 그레이 박사, 트랜스포메이션교회 공동 창립자 겸 담임 목사,
『하나님, 제 말이 들리시나요?』(God, Do You Hear Me?),
『늘 응답받는 기도의 발견』(Discovering the Prayer God Always Answers) 저자

"이 책에서 맥스는 대가다운 솜씨로 에스더서와 오늘날 우리의 삶의 연관성을 보여준다. 희망과 용기에 관한 이 심오한 메시지는 혼란스러운 세상을 살아가는 우리에게 꼭 필요한 메시지다. 맥스는 우리에게 하나님은 불가능한 곳에서 시작하시며 기적을 행하신다는 것을 상기시킨다. 나는 이 책이 끝나지 않기를 바랐다. 당신도 그럴 것이다."

– 크리스틴 케인, A21(인신매매 피해자를 지원하는 국제단체)과
프로펠위민(Propel Women, 여성이 자신의 잠재력을 깨닫도록 돕는 기구)의 공동 창립자

"맥스 루케이도는 성경 속 이야기를 살아 움직이게 하는 탁월한 재능을 지닌 작가다. 그는 실제적인 가르침과 현대적인 경험들을 고대의 성경 텍스트에 직조해 넣음으로써 우리를 성경 시대의 한가운데로 데려간다. 나는 에스더 이야기에 늘 흥미를 느껴왔다. 에스더는 하나님이 불가능한 일을 가능하게 하시리라는 것을 믿었고, 그러한

믿음으로 역사를 바꿨다. 맥스 루케이도의 신간 『나는 이때를 위해 지음받았다』는 영감을 얻고 정신이 고양되고 믿음이 견고해지는 경험을 선사할 것이다."

– 크레이그 그로쉘, 라이프교회 목사, 뉴욕타임스 베스트셀러 작가

"이 책은 그리스도인이자 흑인 여성인 나를 온통 뒤흔들어놓았다. 나는 에스더서를 수없이 읽었고 또 사람들이 에스더서 4장 14절을 사용하여 내 커리어를 묘사할 정도이지만, 맥스는 이 고대의 이야기를 새로운 렌즈로 비춰봄으로써 오직 그만이 인도할 수 있는 여행으로 우리를 데려간다. 맥스는 에스더 이야기 안팎에 현대의 이야기들을 직조해 넣는다. 우리가 잊었다고 느낄 때 하나님의 임재를 상기시켜주는 이야기, 의로운 편에 설 때 얻을 수 있는 것 대신 잃을 수 있는 것에 초점을 맞추는 우리의 습관을 상기시켜주는 이야기, '모르드개의 순간'으로부터 달아나지 않는 것의 중요성을 상기시켜주는 이야기들을. 고마워요, 맥스!"

– 매기 존, TV 앵커,
TV 프로그램 "헤드라인 이면의 맥락"(Context Beyond the Headlines) 제작자,
TV 쇼 "헌틀리가 100번지"(100 Huntley Street) 전 진행자

"우리는 누구나 힘든 시기를 겪고 두려움과 위기감을 안겨주는 예기치 못한 시련에 맞닥뜨리게 될 것이다. 이 책에서 나의 사랑하는 친구 맥스는 에스더 이야기를 활용해 북극권의 혹독한 추위에 직면한 우리를 격려할 뿐만 아니라 하나님이 우리 안에 성스러운 운명을 성취할 의지와 결단력을 심어놓으셨음을 보여준다."

– 빅토리아 오스틴, 레이크우드교회 목사

"우리 중에 하나님이 더 이상 우리를 통해 상황을 변화시키지 않으신다는 거짓말을 믿은 적이 있는 사람에게 맥스는 이렇게 말한다. '당신은 이때를 위해 지음받았다. 당신과 나, 우리 모두.' 이 책의 풍부한 성경적 통찰과 흥미로운 이야기를 통해 하나님이 어떻게 우리를 그분의 거룩한 일에 참여하도록, 그리하여 상상할 수 없을 만큼 많은 사람을 축복하는 데 우리의 경험과 환경을 사용하도록 초청하시는지 발견하라. 이는 참여하고 싶은 모험이다. 나와 함께 그 모험에 참여하지 않겠는가?"

― 에이미 그랜트, CCM 가수, 그래미상 수상자

"이 책은 적절한 곳에서 적절한 때에 쓰였다. 나는 힘든 시기를 보내면서 '오늘의 혼란과 위기가 내일의 승리가' 되는 것을 직접 체험했다. 이 책의 주제는 내가 그리스도인이 되고 나서 처음으로 쓴 '시련'(The Struggle)이라는 노래를 상기시킨다. 시련을 하나님이 죽음에서 생명을 부활시키실 기회로 삼으라는 저자의 요청은 현재 우리 형제자매들에게 꼭 필요한 것이다. 그 어떤 시련도 하나님께는 너무 힘들지 않다는 것을 다시 한번 상기시켜줘서 고마워요, 맥스."

― 자크 윌리엄스, CCM 가수, 그래미상 및 도브상 수상자

"가장 강력한 지도자조차도 추운 겨울을 만날 수 있다. 암담하고, 외롭고, 하나님이 침묵하시는 것처럼 보이는 시기에 직면할 수 있다. 그러나 맥스 루케이도가 따스한 격려의 마음을 담아 설명한 것처럼 그러한 시기는 우리를 성장하게 하기도 한다. 이 책은 당신이 시련을 바라보는 방식을 바꿔놓을 것이다. 고통에는 목적이 있고 역경에는 기회가 있다."

― 카디 콜, 리더십 컨설턴트,
『여성 지도자의 개발』(Developing Female Leaders) 저자, www.kadicole.com

"위로와 희망과 사랑이 가득한 글을 쓰는 작가 맥스 루케이도를 나는 오래전부터 좋아해왔다. 그는 모든 세대에게 감동을 주는 이야기를 들려준다."
― 니키 검블, 홀리트리니티브롬튼 영국 성공회 주교이자 전도 프로그램 '알파 코스'의 개발자

"세상이 무의미하고 삶이 허무하다고 느낀 적이 있는 사람이라면 이 책을 좋아하게 될 것이다. 맥스는 오직 그만이 할 수 있는 방식으로 성경 이야기가 지면을 뚫고 나와 황폐한 세상을 향해 말을 걸어오게 한다. 당신은 포기하려는 순간, 하나님을 발견할 뿐만 아니라 세상 속에서의 당신의 역할 또한 발견하게 될 것이다."

— 캐리 뉴워프, 『당신의 최선』(At Your Best) 저자, 팟캐스터 겸 강연자

"현재 세상이 처한 위기를 직시하고 믿음 없는 세상에서 믿음을 발휘하도록 격려하는 이 책은 아직 길을 찾고 있는 우리 모두를 위한 선물이다. 맥스는 에스더서가 오늘날 우리가 직면한 상황에 완벽하게 맞아떨어지도록 오래된 이야기를 새로운 서사에 직조해 넣는다. 참신하고 재치 있으며 개인적인 통찰로 가득하다."

— 브럭시 카비, 미팅하우스교회 교육 목사, 『종교의 종말』(The End of Religion) 저자

"늘 그렇듯 맥스는 이번에도 근사한 이야기를 들려준다. 이 이야기는 요즘 같은 때를 위한 이야기다. 이 책은 에스더서가 현시대에 갖는 함의와, 시련이 어떻게 우리를 더 강하게 하는지 보여준다. 하나님을 바라보는 우리의 시야가 우리 자신보다 더 크다면 시련은 한 세대를 형성하는 데 활용될 수 있다."

— 라타샤 모리슨, 비영리 단체 비더브릿지(Be the Bridge) 창립자 겸 회장

"당신은 이때를 위해 지음받았다! 당신은 하나님의 사람이다! 우리가 어디에 있고 또 무엇을 하는지와 상관없이 맥스 루케이도는 우리를 하나님의 부르심을 따라가는 여행으로 초대한다. 우리가 자격이 없다고 느낄 때, 특히 준비가 되어 있지 않다고 느낄 때에도."

— 폴라 패리스, "폴라 패리스의 믿음과 소명" 팟캐스트 진행자, 작가 겸 강연자

우리의 소중한 친구 마거릿 비숍에게—

당신은 당신 세대의 에스더로서

용기와 믿음, 아름다움의 본이 되어주었습니다.

데날린과 나는 당신을 알게 되어 영광이고,

당신 곁에서 손주들을 돌보게 되어 무척 기쁩니다.

차례

이 책에 대한 찬사 ・04
감사의 말 ・12

1장. 봄을 찾아서 ・17

1막. 혼란 : 믿음 없는 세상 안에서의 믿음

2장. 페르시아의 편안한 삶에 안주하지 말라 ・37
3장. 두 이름을 가진 소녀 ・57

2막. 위기 : 적대적인 사람들 속에서의 용기

4장. 절하기를 거부하다 ・81
5장. 구원은 성취될 것이다 ・103
6장. 두 개의 어전 ・121

3막. **승리:** 역사를 주관하시는 하나님

    7장. 세세한 부분까지 계획되었다 •143

    8장. 악인은 승리하지 못할 것이다 •161

    9장. 대반전의 하나님 •181

    10장. 부림절의 사람들 •201

    11장. 당신은 이때를 위해 지음받았다 •217

주 •234

감사의 말

　옛날 옛적에 두 천사가 장차 태어날 맥스라는 사람의 직무 기술서를 검토했다. 거기에는 '기독교 서적의 저자'라고 쓰여 있었다. 그러나 맥스의 능력과 작가에게 요구되는 자질을 살펴본 뒤 한 천사가 말했다. "상부에 보고해야겠네. 루케이도에게는 이 일에 필요한 재능이 없어." 다른 천사가 대답했다. "자네 말이 맞는 듯 싶으이."

　그들은 해결책을 찾아 상부에 문의했고, 다음과 같은 답을 들었다. "너희 생각이 옳다. 루케이도에게는 하늘이 줄 수 있는 모든 도움이 필요하다. 그래서 다음의 팀원들이 그를 돕는 일에 배정되었다."

- 리즈 히니와 캐런 힐 – 리즈와 캐런은 특출난 재능을 지닌 편집자다. 그들은 당나귀도 춤을 추고 물고기도 노래하게 할 수 있다.
- 캐럴 바틀리 – 캐럴은 매우 유능해서 우리는 그녀에게 생명의 책의 교열을 맡기려 한다.

- 데이비드 드루리 – 만약 데이비드가 2,000년 전에 태어났더라면 그는 사도 서간을 받아적었을 것이다. 그는 루케이도가 교의에 충실할 수 있게 도울 것이다.
- 스티브와 체릴 그린 – 모든 사람에게는 스티브와 체릴 같은 친구가 필요하다. 우리는 맥스를 위해 이 두 사람을 예비해두었다.
- HCCP 팀의 영웅들 – 마크 쉔월드, 돈 제이콥슨, 팀 폴슨, 마크 글레즌, 에리카 스미스, 재닌 매키보르, 로라 민추. 이 팀은 은하계를 운영할 수 있을 만큼 재능 있는 팀이다.
- 그레그와 수전 리건 – 그레그와 수전에게는 영적인 은사가 두 배로 주어졌다. 그들은 이끌고, 섬기고, 조율하고, 격려하고, 상담해줄 것이다. 그들은 슈퍼스타다!
- 데이브 트릿 – 그는 다니엘처럼 기도하고 모세처럼 본다.
- 페기 캠벨과 짐 샌더스와 앰배서더 팀 – 이들은 수십 명의 영적 지도

자를 돌보는 목자다. 이들은 사랑으로 루케이도를 보살필 것이다.

- 캐럴라인 그린 – 캐럴라인 안에는 마르다와 마리아가 완벽한 조화를 이룬다. 그녀는 예수님을 사랑하는 행동가다.
- 안드레아 루케이도 – 맥스와 성은 같지만, 아버지보다 훨씬 더 똑똑하다.
- 재너 먼트싱어와 파멜라 매클루어 – 친절하면서도 세상 돌아가는 이치에 밝다. 홍보 전문가로서 완벽한 자질을 갖췄다.
- 제이니 파딜라와 마거릿 므치너스 – 늘 침착하고 차분하며 반석처럼 굳건하다.
- 마이크 코스퍼와 요람 하조니 – 에스더서를 주제로 한 그들 각각의 저작에 깃든 통찰은 맥스에게 영감을 불어넣어줄 것이다.
- 브렛, 제나, 로지, 맥스, 안드레아, 제프, 사라 – 이들은 뿌리가 깊고 열매가 풍성한 가족이다.

- 데날린 – 매일 밤 맥스는 '나는 천사와 결혼했어!'라고 생각하며 잠자리에 들 것이다. 그가 옳다. 데날린은 하늘에서 보내준 사람이므로.

두 천사는 서로를 바라보며 미소 지었다. 한 천사가 말했다. "이런 팀과 함께라면 루케이도도 책을 쓸 수 있겠는걸?"

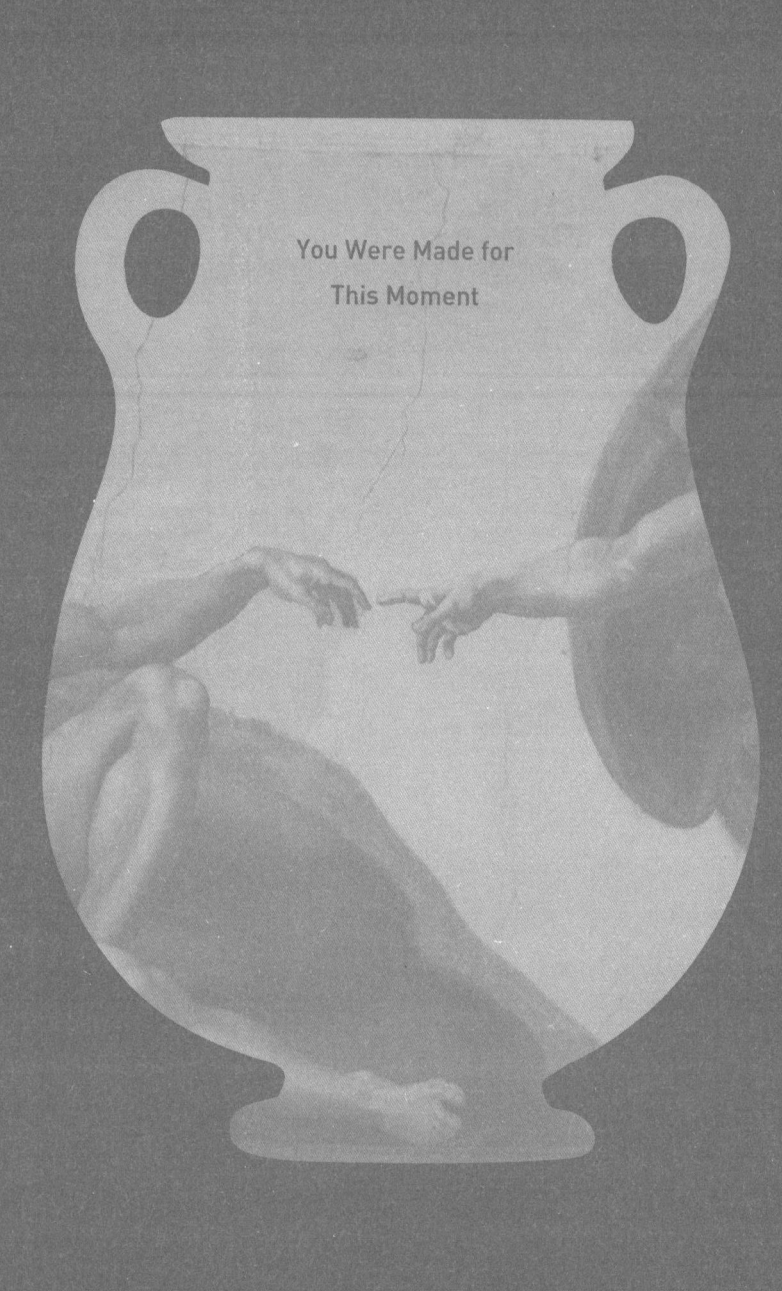

1장

봄을 찾아서

겨울은 차가운 그림자를 드리운다. 낮은 짧고 밤은 길다. 태양은 수줍은 듯 잿빛 구름 뒤로 숨는다. 온기는 짐을 꾸려서 열대 지방으로 떠났다. 햇볕 따사로운 해변은 근사하리라.

하지만 지금은 겨울이다.

봄에는 꽃이 피고, 여름에는 나뭇잎이 바람에 살랑거린다. 가을에는 오곡백과가 무르익는다. 하지만 겨울은? 겨울은 조용하다. 무서우리만큼 조용하다. 들판에는 서리가 내리고 나무들은 가지만 앙상하다. 야생동물들은 모두 자취를 감췄다.

겨울은 위험을 동반한다. 눈보라가 몰아치고 진눈깨비가 내린다. 나다니기가 조심스럽다. 다가오는 봄에는 맨발로 풀밭을 가로질러 연못 속으로 풍덩 뛰어들 수 있을 것이다. 하지만 지금은? 단추를 끝까지 채우고, 지퍼를 완전히 올리고, 안전한 집 안에 머물러 있는 게 상책이다.

바깥은 겨울이다.

당신이 있는 곳은 어떠한가? 그곳도 겨울인가? 당신은 오래된 우울에 갇혀 있는가? 겨울 날씨처럼 어둡고 쓸쓸한가?

나는 그런 어머니를 안다. 그녀는 세 아이의 어머니다. 아이 둘은 갓난쟁이고 하나는 장애아다. 그녀는 조그만 아파트에서 적은 수입에 의존하여 근근이 살아간다. 남편은 집을 나갔다. 살림살이가 어지럽게 널브러진 좁은 공간에서 사는 게 견디기 힘들었을 것이다. 힘들기는 그녀도 마찬가지다. 하지만 달리 어떤 선택의 여지가 있겠는가? 그녀에게는 늘 먹이고 씻기고 안아줘야 할 아이들이 있다. 그래서 그녀는 해야 할 일들을 한다. 그리고 그 일들은 영원히 끝나지 않을 것만 같다. 그녀에게 과연 이 겨울이 지나가기는 할 것인가?

내 친구 에드도 마찬가지다. 에드와 나는 공통점이 많다. 우리는 둘 다 건강 상태가 양호하다. 둘 다 골프 실력은 별로고, 둘 다 개를 좋아한다. 둘 다 비교적 이른 나이에 결혼했다. 차이점이 있다면 내 아내는 저녁 식사로 무엇을 먹고 싶은지 묻는 데 반해 에드의 아내는 계속해서 그에게 누구냐고 묻는다는 것이다. 에드의 아내는 1년 전에 치매 환자를 위한 요양원에 입원했다. 그들 부부는 자동차로 전국 일주를 하는 것을 꿈꾸었지만, 결국 그 꿈을 이룰 수 없게 되었다. 에드는 날마다 혼자 잠자리에 들고, 멍하니 창밖을 내다보는 여인을 방문하며 은퇴 후의 삶을 보내고 있다.

당신은 어떤가? 삶이 당신이 생각한 대로 펼쳐지지 않는다는 것을 처음 깨달았을 때가 언제인가?

부모님이 이혼했을 때.

배우자가 외도를 했을 때.

건강에 문제가 생겼을 때.

친구가 영영 작별을 고했을 때.

그럴 때 당신의 삶에는 시베리아의 강추위가 찾아온다. 당신의 세계는 어두컴컴한 낮과 긴 밤, 혹독한 추위가 이어지는 북극권이 된다.

겨울이다.

이 책은 겨울에 태어났다. 내가 이 글을 쓰는 동안 지구상의 모든 사람이 코로나19가 몰고 온 냉기 속에서 살았다. 팬데믹에 붙잡혀 옴짝달싹 못 하게 된 것이다. 앞서 말한 그 어머니는 식당 종업원 일자리를 잃었고, 에드는 창문을 통해서만 아내를 볼 수 있게 되었다. 교회는 문을 닫았고, 학생들은 학교에 가지 못했다. 마스크는 사람들의 미소를 볼 수 없게 만들었다. 눈에 보이지도 않는 아주 미세한 바이러스로 인해 일상이 마비되었다.

그리고 오랜 죄악이 우리의 치부를 드러내려 한다. 인종차별이 사라졌기를 바라던 사람들은 바람과는 다른 현실을 확연하게 깨닫는다.

한 흑인의 목을 찍어누르는 경찰관의 무릎이 잠자던 분노를 일깨웠다. 수많은 도시에서 활화산 같은 분노가 거리를 휩쓸었다.

온 세상이 꽁꽁 얼어붙은 듯하다. 우리는 모두 봄을 찾고 있다.

겨울은 삶의 일부이다. 하지만 모든 겨울은 혹독하다. 우리는 옷을 두껍게 껴입고 바람을 피하려고 애를 쓴다. 그러나 가장 건장한 사람조차 넘어질 수 있다. 밤은 너무나 길고, 고통은 너무나 심하다. 과연 이 겨울이 지나가기는 할 것인가? 당신은 과연 이 겨울을 무사히 넘길 수 있을지 의문스럽다. 그렇지 않은가?

만약 그렇다면, 하나님께는 당신에게 격려가 되어줄 세 글자로 된 단어가 있다. 바로 '에-스-더'이다.

에스더와 이름이 같은 에스더서는 겨울에 읽도록 쓰였다. 이 책은 정서적으로 지친 사람들을 위해 쓰였다. 적에게 에워싸이고 운명에 농락당하고 두려움에 압도되었다고 느끼는 사람들을 위해 쓰였다. 마치 하나님이 2월의 추위에 옴짝달싹 못 하는 모든 이의 기도를 들으시는 듯하다. 메마른 가지에 초록빛 새순이 돋기를 고대하는 모든 사람에게 하나님은 말씀하신다. "나를 따르라. 내가 무엇을 할 수 있는지 보아라."

하나님은 우리를 대극장으로 데리고 가서서 객석 1열에 앉히신다. 그리고 지휘자를 향해 고개를 끄덕이신다. 지휘봉이 들리고, 음악이 시작된다. 막이 오르고, 우리는 승리의 드라마를 목격하게 될 것이다.

배경은 BC 5세기의 페르시아(오늘날의 이란), 수사다. 그 당시의 페르시아는 1세기의 로마와 비슷했다. 다리우스 대왕으로도 알려진 다리우스 1세의 치세 동안 페르시아는 "290만 평방마일(약 466제곱킬로미터)이 넘는 광활한 지역을 지배했다." 인구는 전 세계 인구의 44퍼센트가량인 5천만 명에 달했다.[1] 영토는 현재의 인도 펀자브에서 수단의 하르툼까지 길게 뻗어 있었는데, 그 길이가 대략 4,464마일(약 7,184킬로미터)에 이른다.[2] 이것이 어느 정도인지 가늠이 되지 않는다면 LA에서 애틀랜타까지 걸어갔다가 거기서 다시 LA까지 걸어서 돌아와보라. 혹은 이게 더 편하다면, 미국 지도 두 장을 나란히 붙여놓고 보라. 그러면 페르시아 제국이 얼마나 광대했는지 알 수 있을 것이다.

에스더서에는 네 명의 기억할 만한 인물이 등장한다.

먼저, 아하수에로 왕은 술을 좋아하고, 여자를 무시했으며, 변덕이 심했다. 그는 BC 486년부터 BC 465년까지 페르시아를 다스렸다.[3]

에스더서는 아하수에로를 의욕이 없고 술을 좋아하며 사려 깊지 않은 인물로 묘사하고 있다. 그는 권한을 위임하고 술잔을 기울일 때가 가장 편안했다. 그에게서는 심오한 생각이나 정치가다운 냉철한 판단력이라곤 찾아볼 수 없었다. 그의 기분이 괜찮을 때를 엿보아 청한다면 설령 그 청이 대량학살에 관한 것일지라도 동의했을 것이다.

적어도 그것이 하만이 경험한 바였다. 하만은 이 이야기에 나오는 악당이다. 그는 부유하고 영향력 있는 고위 관료였다. 그에게는 개인 소유의 비행기가 있었으며, 그의 옷장에는 맞춤 정장이 가득했다. 매주 월요일에는 손톱 손질을 받았고, 목요일에는 아하수에로 왕과 골

프를 쳤다. 그는 왕의 귀를 가지고 있었고 건달처럼 허세를 부리며 히틀러처럼 인정머리 없는 인물이었다.

그렇다, 정확히 그랬다. 우리는 하만에게서 히틀러와 닮은 구석을 본다. 그들은 둘 다 숭배받기를 원했다. 둘 다 정권 유지에 위협이 되는 것들을 용납하지 않았다. 그리고 둘 다 유대 민족을 말살하고자 했다. 다음과 같은 하만의 말에서 히틀러의 목소리가 들리는 듯하지 않은가?

> 하만이 아하수에로 왕에게 아뢰되 한 민족이 왕의 나라 각 지방 백성 중에 흩어져 거하는데 그 법률이 만민의 것과 달라서 왕의 법률을 지키지 아니하오니 용납하는 것이 왕에게 무익하니이다 왕이 옳게 여기시거든 조서를 내려 그들을 진멸하소서 내가 은 일만 달란트를 왕의 일을 맡은 자의 손에 맡겨 왕의 금고에 드리리이다(에 3:8-9).

여기서 "한 민족"은 다름 아닌, 아브라함의 자손이자 예수 그리스도를 배출한 히브리 민족이다. 히브리 민족은 페르시아 제국 곳곳에 흩어져 살았다. 하만에게 그들은 아하수에로 왕의 옷깃에 떨어진 비듬과도 같은 존재였다. 그러나 하나님에게 그들은 인류의 구원을 위해 선택된 민족이었다.

그 히브리인들 중 하나가 하만의 심기를 거슬렀다. 그의 이름은 모르드개이다. 당신은 결국에는 그를 사랑하게 될 테지만, 처음에는 그가 다소 미심쩍게 여겨질 것이다. 모르드개는 조용한 삶에 만족하며 자신의 조상이 유대인임을 숨겨왔다. 그러나 하만 같은 사람을 참아 주기란 쉽지 않은 법이다.

모르드개는 삼촌의 딸인 에스더를 친딸같이 양육했다. 그녀는 고아였기 때문이다. 에스더는 뭇 사람의 이목을 끌 만큼 미인이었음이 분명하다. 그녀는 "용모가 곱고 아리따운 처녀"였다(에 2:7). 고대 문헌에 의하면 에스더는 사라와 라합, 아비가일과 함께 세상에서 가장 아름다운 여인 네 명 중 하나였다.[4] 그녀는 아름다운 용모 때문에 왕에게 접근할 수 있었지만, 그녀가 우리에게 의미 있게 다가오는 것은 그녀의 믿음과 용기 때문이다.

이 이야기에서 극적인 요소가 보이는가?

속을 알 수 없는 잔인한 왕

교활하고 무자비하며 피에 굶주린 하만

멸절 위기에 처한 유대 민족

도전적이고 결연한 모르드개

아름답고 용감한 에스더

그런데 하나님은? 하나님은 어디에 계시는가?

에스더서는 성경에서 하나님의 이름이 언급되지 않은 두 권의 책 중 하나로 알려져 있다.[5] 에스더서 이전까지는 하나님이 성경의 거의 모든 페이지에 등장하신다. 에덴동산에서는 창조자셨고, 우르에서는 격려자셨으며, 이집트에서는 해방자셨고, 약속의 땅에서는 전사셨다.

하지만 페르시아에서는? 하나님은 흔적도 보이지 않는다.

"그리고 하나님이 말씀하셨다"라든가 "하나님이 택하셨다," "하나님이 선포하셨다" 같은 말은 에스더서의 어디에서도 찾아볼 수 없다. 성전에 대한 언급이나 하나님의 히브리어 이름인 '야훼,' '엘로힘' 같은 말은 찾아볼 수 없다. 다니엘이 본 것과 같은 묵시적 비전이나 에스라가 보여준 하나님의 율법에 대한 관심 따위는 언급되지 않는다. 기도를 했으리라는 암시는 있지만 기도하는 장면에 관한 묘사는 없다. 바다가 갈라지지도 않고, 하늘에서 큰 소리가 들리지도 않는다. 마른 뼈들이 살아나지도 않는다.

왜일까? 영성이 빠진 것일까? 왜 하나님이 침묵하시는 것처럼 보일까?

당신이 겨울의 한가운데에 있다면 이 같은 의문이 들 수 있다. 당신에게 하나님은 숨어 계시는 듯하고, 멀리 계시는 듯하다. 당신의 세계에는 햇빛이 들지 않는 듯하다.

다른 사람들은 하나님의 말씀을 듣지만, 당신은 그렇지 못하다. 다른 사람들은 하나님의 뜻을 안다고 말하지만, 당신은 혼란스럽기만 하다. 다른 사람들은 하나님이 계시는 무대 뒤편에 드나들 수 있는 출입증을 가지고 있다. 하지만 당신은? 당신이 가지고 있는 연극 프로그램에는 하나님의 이름이 없다. 하나님은 어디 계시는가? 그분은 당신에게 마음을 쓰시는가? 당신은 확신할 수 없다.

하지만 어쩌면 당신은 에스더서 안의 깊숙한 곳에 감추어진 보물을 발견할 수도 있지 않을까? 바로 조용한 섭리 말이다. '섭리'란 하나님이 지속적으로 역사를 주관하시는 현상을 기술하기 위해 신학자들이 사용하는 싸구려 용어다. 하나님은 말씀으로 우주를 창조하셨을 뿐만 아니라 권위로 우주를 다스리신다. 하나님은 "그의 능력의 말씀으로 만물을 붙드"신다(히 1:3). 하나님은 우주의 통치자이시며, 그리고 이 점이 중요한데, **바로 지금 여기에** 계신다. 하나님은 우리의 문제와 고통을 감수하시면서 우주의 위기에 골몰하시는 분이 아니다.

하나님은 극적으로 개입하시는 것으로 알려져 있다. 하나님의 손에 의해 홍해가 갈라지고, 하늘에서 만나가 내려오고, 처녀가 아이를 낳고, 무덤 속의 시신이 부활한다. 그러나 하나님이 큰 소리를 내실 때 그 뒤에는 수백만의 속삭임이 존재한다. 에스더서는 속삭이시는 하나님의 이야기를 전한다. 자기 백성을 위해 불가사의한 방식으로 모든 행동과 상황을 감독하시는 하나님의 이야기를 전한다. 이 귀한 책은 우리에게 하나님은 강해 보이기 위해 큰 소리를 내실 필요가 없음을 상기시켜준다. 하나님은 그분의 임재를 나타내기 위해 그림자를 드리우실 필요가 없다. 하나님은 침묵하시는 듯해도 말씀하시고, 아주 멀리 계시는 듯해도 행동하신다.

하나님이 안 계시는 것처럼 느껴지는가?

그렇다면 에스더서를 읽어보라. 에스더서의 드라마에 푹 빠져보라.

1막 – **혼란**: 하나님의 백성은 선하신 하나님 대신 페르시아의 화려함을 택한다. 믿음 대신 타협을 택하고, 명료함 대신 혼란함을 택한다.

2막 – **위기**: 유대인들을 죽이라는 포고령이 내려진 가운데 모든 유대인은 생존의 위협을 느낀다. 이교 사회에서 소수민족인 유대인에게 무슨 희망이 있겠는가?

3막 – **승리**: 상상도 못 했던 일이 일어난다. 너무도 놀라운 일이 일어나서 "그들의 슬픔과 눈물이 기쁨과 즐거움으로 변한 이 역사적인 날에 잔치를 베풀어 즐거워하며 서로 선물을 주고 가난한 자를 구제하라고 지시하였다."(에 9:22, 현대인의 성경)

에스더서의 주제(사실 성경 전체의 주제이기도 한)는 세상의 모든 불의가 그 불의를 행한 자들의 머리 위에 떨어진다는 것이다. 대반전은 하나님의 주특기다. 모든 게 무너져내리는 듯할 때 하나님은 우리 가운데서 일하시며 모든 것이 제자리를 찾게 하신다. 그분은 조용한 섭리의 왕이시다. 하나님은 그분이 하시는 일에 당신과 나를 동역자로 초대하신다. 에스더서의 헤드라인은 '구원은 성취될 것이다. … 당신은 그 과정에 참여하고자 하는가?'이다.

모든 게 끝난 것처럼 보일 때, 악이 득세하는 것처럼 보일 때에도 하나님은 여전히 일하고 계신다. 하나님은 모든 기근에 대비하여 요셉 같은 이를 예비해두셨고, 모든 골리앗에 대비하여 다윗 같은 이를 예비해두셨다. 하나님의 백성에게 구원이 필요할 때 하나님은 라합 같은 이를 보내신다. 모든 아기 모세에게 엄마가 필요할 때 하나님은 이집트 공주로 하여금 연민을 갖게 하신다. 하나님에게는 늘 하나님의 사람들이 있다.

에스더 이야기에는 하나님의 사람인 누군가가 있다.

당신의 이야기에는 하나님의 사람인 당신이 있다.

당신은 뒷걸음질 치고 싶고, 입을 다물고 싶고, 안전하게 있고 싶고, 무대 뒤편에 머물러 있고 싶을 것이다. "나는 감당할 수 없을 거야" 하고 당신은 중얼거린다. 당신은 이때를 위해 지음받았다는 말을 어리석은 생각으로 치부할 수 있을 것이다.

그러나 오, 나는 당신이 그러지 않았으면 한다.

구원은 성취될 것이다. … 당신은 그 과정에 참여하고자 하는가?

확실히 이 세상은 혼란스럽다. 그러나 하나님의 해결책은 용기 있는 사람들을 통해 온다. 모르드개와 에스더 같은 사람들을 통해 온다. 당신 같은 사람들을 통해 온다. 하나님의 은혜로 자신이 이 같은 때를 위해 지음받았다고 믿는 사람들을 통해 온다.

1막과 2막에 머물러 있는 사람들은 3막이 기다리고 있음을 알아야 한다. 하나님의 계획에서 혼란과 위기는 승리에 길을 내어준다. 겨울은 영원히 지속되지 않는다. 눈은 곧 녹을 것이고, 나무에는 새순이 돋을 것이다. 달력을 한 장만 넘기면 봄이다. 우리는 하나님이 지금 달력을 넘기려 하신다는 것을 안다.

묵상을 위한 질문

1. 당신은 삶의 어느 계절에 이 책을 발견했는가? 오래된 우울에 갇힌 듯한 겨울인가, 따스하고 한가로운 여름인가, 풍성한 곡식이 무르익는 가을인가, 아니면 새 희망을 안겨주는 봄인가? 당신은 어떤 계절에 있으며, 그 이유는 무엇인가?

2. 당신은 현재 겨울을 지나고 있지 않더라도 과거에 마음의 겨울을 경험한 적이 있는가? 가족이나 공동체의 삶에 겨울이 닥친 것을 목격한 적이 있는가? 당신은 어떤 종류의 고통이나 시련을 곁에서 지켜보거나 경험했는가?

3. 저자가 겨울을 지나는 사람들에게 건네는 격려의 세 글자 단어는 무엇인가? 에스더의 이야기가 삶의 겨울을 맞은 사람들에게 어떻게 격려가 될 수 있을까?

4. 이 장을 읽기 전에 당신이 에스더와 그녀의 이야기에 대해 알고 있던 것은 무엇인가?

    - 이 장을 읽고 난 후 에스더서의 시대적 배경에 관한 어떤 사실이 새롭게 다가왔는가?
    - 등장인물들에 관해 어떤 사실이 새롭게 다가왔는가?

5. 아하수에로 왕은 어떤 사람인 것 같은가?

    - 당신은 어떤 점에서 에스더와 그녀가 처한 상황에 공감하는가?
    - 아하수에로 왕과 에스더는 서로 어떻게 다른가?

6. 저자는 에스더를 믿음과 용기를 지닌 여인으로 묘사한다. 당신은 무엇에 강한 믿음을 가지고 있는가?

- 당신이 믿음을 가지고 용기 있게 행동했던 때를 떠올려보라. 그때의 일을 설명하라.
- 그때 당신이 용기를 내는 데 도움이 되었던 것은 무엇인가?
- 당신은 용기와 믿음 중 어느 쪽이 더 필요했으며, 그 이유는 무엇인가?

7. 에스더서에는 하나님에 대한 언급이 없는 것으로 알려져 있다.

- 이 같은 사실은 에스더서에 대한 당신의 시각에 어떤 영향을 미치는가?
- 하나님에 대한 언급이 없는데도 에스더서가 구약에 포함된 이유가 무엇이라고 생각하는가?

8. 당신은 하나님이 안 계신다고 느낀 적이 있는가? 만약 그렇다면, 하나님이 안 계시거나 멀리 계신다고 느꼈던 시기에 관해 이야기해보라.

- 하나님이 가깝게 느껴졌던 때는 언제인가?
- 하나님이 멀리 계신다고 느끼는 이유는 무엇인가?
- 하나님이 가까이 계신다고 느끼는 이유는 무엇인가?
- 그런 느낌들은 당신의 삶과 생각, 관계에 어떤 영향을 미치는가?

9. "조용한 섭리"란 무엇인가?(25-26쪽 참조)

- 성경에 하나님이 큰 소리로 말씀하시기도 하고 작은 목소리로 속삭이시기도 하는 것으로 묘사된 이유가 무엇이라고 생각하는가?
- 당신은 주로 어떤 방식으로 하나님을 경험하는가? 극적인 개입을 통해서인가, 조용한 속삭임을 통해서인가, 아니면 그 밖의 다른 방법을 통해서인가? 당신이 삶 가운데에서 하나님의 임재를 의식했을 때에 대해 이야기해보라.
- 이 같은 경험들은 하나님이 어떤 분인지에 대한 당신의 믿음과 이해에 어떤 영향을 미쳤는가?

10. 저자는 에스더서의 주제가 무엇이라고 말하는가?(26쪽 참조)

- 하나님은 이 같은 일을 어떻게 이루시는가?
- 저자는 "하나님의 해결책은 용기 있는 사람들을 통해 온다. … 하나님의 은혜로 자신이 이 같은 때를 위해 지음받았다고 믿는 사람들을 통해 온다"(27쪽)라고 말한다. 당신은 지금 어떤 때에 있는 것 같은가?
- 당신은 하나님의 개입이 필요한 불의를 보는가? 당신의 나라나 도시, 지역사회, 교회 안에 불의가 존재하는가? 자세히 설명해보라.

11. 우리가 하나님과의 동역에 늘 선뜻 뛰어드는 것은 아니다. 27쪽에 보면 "당신은 뒷걸음질 치고 싶고, 입을 다물고 싶고, 안전하게 있고 싶고, 무대 뒤편에 머물러 있고 싶을 것이다"라는 말이 나온다. 당신이 알면서도 입을 다물고 싶고 뒷걸음질 치고 싶은 불의에는 어떤 것들이 있는가? 당신은 왜 그렇게 느끼는가?

- 당신은 어떤 믿음을 가지고 있는가? 예를 들면 다음과 같은 것들이 있을 수 있다. '나는 감당할 수 없을 거야,' '나는 충분히 똑똑하지 않아,' '나는 충분히 강하지 않아,' '나는 충분히 용감하지 않아.'

- 이 같은 믿음이 어디에서 온다고 생각하는가?

12. 만약 하나님이 불의를 바로잡기 위해 당신을 동역자로 초대하신다면 당신은 어떤 분야에서 하나님과 동역하게 되리라고 생각하는가?

- 당신이 하나님의 동역자로서 용기와 믿음을 갖기 위해 하나님께 청하고자 하는 것은 무엇인가?
- 용기 있는 행동의 이상적인 결과는 무엇일까? 그리고 그것은 누구에게 영향을 미칠까?

1막

혼란

믿음 없는 세상 안에서의 믿음

두 사람은 말없이 식탁에 마주 앉았다. 그가 자기 접시에 양고기 스튜를 덜었다. 그녀는 자기 접시에 담긴 음식을 내려다보았다. 마침내 그가 말했다.

"한술도 뜨지 않았구나. 뭘 좀 먹어야지."

"배고프지 않아요."

그는 다시 무슨 말을 하려다가 입을 다물었다. 그리고 촛불 빛에 비친 그녀의 얼굴을 바라보았다. 비단결 같은 피부와 높이 솟은 광대. 반짝이는 갈색 눈동자.

그가 부드러운 어조로 말했다.

"에스더, 이게 최선이야."

그녀는 고개를 들어 그를 바라보았다. 눈가에 이슬이 맺혀 있었다.

"하지만 그들이 알게 될 거예요. 알아차리고 말 거예요."

"조심하면 괜찮을 거야. 되도록 말을 적게 하고 주위의 이목을 끌지 않도록 주의하렴."

그녀가 호소하는 눈빛으로 바라보았다.

"우리 유대인들은 수사에서 유랑민으로 살고 있어. 예루살렘을 기억하는 사람은 아무도 없어. 성전을 기억하는 사람은 아무도 없어. 네 부모님은 페르시아에서 돌아가셨지. 우리도 그럴 거고. 이게 최선이야."

"하지만 그는 제게 너무 많은 걸 요구할 거예요."

모르드개는 잿빛 머리칼을 쓸어넘기며 식탁 위로 손을 내밀어 에스더의 손을 잡았다.

"우리에겐 달리 선택의 여지가 없어. 왕이 칙령을 내렸고, 내일이면 병사들이 너를 데리러 올 거야. 왕명을 거역할 수는 없어."

모르드개는 한숨을 내쉬며 일어나 창가로 갔다. 성안에 있는 그의 집에서는 희미한 저녁 기도 소리를 들을 수 있었다. 유대인 마을인 알야후두의 가물거리는 불빛이 보였다. 그는 이따금 그 마을을 건너다보았지만, 그곳을 방문한 적은 거의 없었다. 그곳 사람들은 그를 이해하지 못했다. 자신의 정체를 숨기고 비밀리에 믿음을 간직한 채 궁에서 일하는 그를 그들은 이해할 수 없었다.

그리고 그는 그들을 이해하지 못했다. 두 주인을 섬기는 걸 왜 못 한단 말인가? 타협을 할 수도 있고 비밀을 간직할 수도 있는 것 아닌가? 몇 가지 사실을 섞어 말한들 누가 알겠는가?

모르드개가 에스더를 돌아보며 말했다.

"게다가 에스더야, 이건 우리에게 기회일 수 있어. 우리에게 어떤 문이 열릴지 누가 알겠느냐?"

"네, 하지만 그 과정에서 무엇을 잃을지 또 누가 알겠어요?"

모르드개가 그녀의 어깨를 감싸 안으며 속삭였다. "주님이 함께하실 게다. 내가 그런 것처럼."

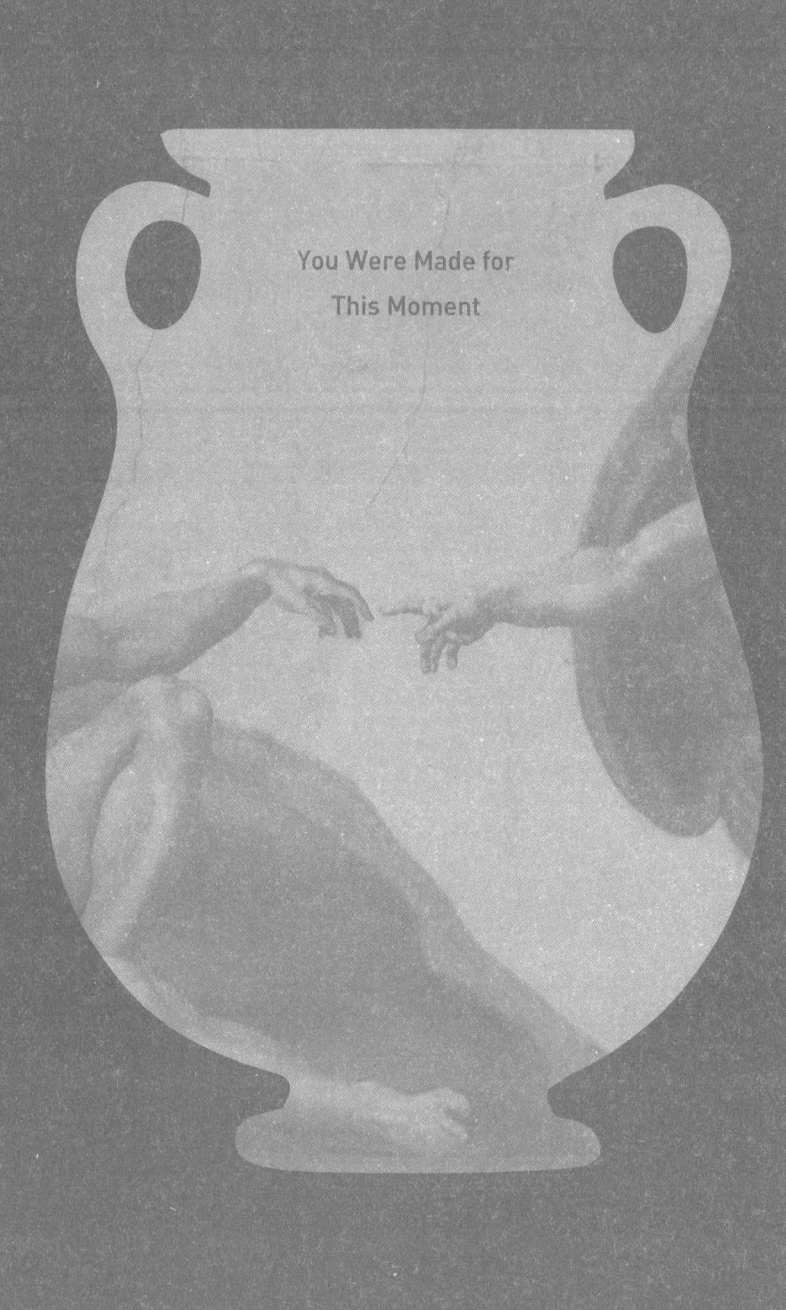

2장

페르시아의 편안한 삶에
안주하지 말라

　그것은 갑작스럽게 온화해진 날씨 탓이었다. 새순이 돋은 나무들이 근사하게 느껴진 탓이었다. 불현듯 찾아온 풋사랑 탓이었다. 그리고 무엇보다도 나의 어리석음 탓이었다.

　그녀와 나는 대학생이었다. 우리는 한두 번가량 데이트를 했고, 한두 번쯤 불꽃이 이는 것을 느꼈다. 대기에는 봄기운이 완연했다. 잿빛 하늘은 마침내 우중충한 외투를 벗어던졌다. 그 토요일 오후에 하늘은 맑고 산들바람은 따사로웠다. 우리는 차창을 내린 채 유쾌하게 시골길을 달렸다. 그날의 드라이브가 미리 계획된 것이었는지 즉흥적이었는지는 기억나지 않는다. 하지만 겨울 밀밭만큼은 기억에 선명하다. 푸르른 밀밭이 끝없이 펼쳐져 있었다.

그 위에서 뛰어노는 것은 나의 아이디어였음이 분명하다. 나는 충동적으로 일을 벌이곤 하니까. 한번은 한 소녀에게 깊은 인상을 심어주려고 강물로 뛰어든 적이 있었는데, 수심이 1미터도 채 안 되었다. 다이빙을 하지 않은 게 다행이었다.

다시 밀밭으로 돌아가자. 내가 그 밀밭의 아름다움에 대해 이야기했던가? 밀밭은 마치 올리브그린색 카펫 같았다. 내가 이제 막 시작되려 하는 로맨스에 대해 언급했던가? 그녀와 나는 서로에게 푹 빠져 있었다. 그러니까 내가 맨발로 밀밭 사이를 달리자고 제안했을 때 나는 서로 손을 잡고 뛰어다니는 것을 생각했던 것이다. 혹시 또 누가 아는가, 그러다가 첫 키스라도 하게 될지?

나는 차를 세웠다. 우리는 신발과 양말을 벗고 울타리를 뛰어넘었다. 푹신한 매트리스 같은 땅을 기대하면서. 그러나 오, 우리의 예상은 완전히 빗나갔다.

겨울 밀밭은 표면은 푸른빛을 띠지만 그 아래쪽은 돌이 많고 끈적끈적했다. 우리는 몇 발짝 걷다가 멈춰 섰다. 그녀는 '대체 무슨 생각을 한 거야?' 하는 눈빛으로 나를 바라보았다. 밀밭에서 나올 때 나의 자아는 우리의 발만큼이나 상처를 입었다. 그것이 헤어짐의 시작이었다. 그날 사랑은 텍사스 서부 밀밭에서 사멸했다.

당신도 같은 실수를 저질렀다. 밀밭이 아니라 삶에서. 당신은 속았다. 기만당했다. 현혹당했다. 푸른 초장인 줄 알고 좋아했는데 알고 보니 가시밭이었다.

휘황한 불빛이 어떻게 외로운 밤으로 이어졌는지 기억하는가? 돈이 들어오리라는 기대가 어떻게 갚을 길 없는 빚으로 이어졌는지 기억하는가? 그가 당신을 침대로 끌어들였을 때 혹은 그녀가 당신에게 사랑을 확신시키던 때를 기억하는가? 당신은 발을 다치지는 않았지만 마음을 다쳤다. 은행 계좌에 있던 돈이 다 빠져나갔다. 그리고 모든 게 다 겉보기와 같지 않다는 것을 배웠다. 믿기 힘들 만큼 좋은 것들은 대개가 다 그렇다.

이것은 현명한 사람들에게 하는 조언이다. 그리고 겨울의 한가운데에 있는 사람들에게 건네는 경계의 말이다. 힘든 시기에는 잘못된 결정을 내릴 수 있다. 우리는 어찌할 바를 모른다. 하나님의 부르심을 잊는다. 믿음을 페르시아의 휘황한 불빛과 바꾼다. 이것이 유대인들이 직면한 유혹이었다.

이야기는 이렇게 시작된다.

> 왕위에 있은 지 제삼년에 그의 모든 지방관과 신하들을 위하여 잔치를 베푸니 바사[페르시아]와 메대[메디아]의 장수와 각 지방의 귀족과 지방관들이 다 왕 앞에 있는지라(에 1:3).

아하수에로 왕이 잔치를 베푼 것은 페르시아의 장수와 귀족, 지방관들로부터 그리스와의 전쟁에 대한 지지를 이끌어내기 위해서였다.[1]

2장 페르시아의 편안한 삶에 안주하지 말라 / 39

왕의 성채는 도시를 굽어보고 있었다. 수 마일 바깥에서도 보이는 그 성채가 주는 메시지는 이곳에 중요한 왕이 있다는 것이었다. '여기 그가 있다!'

아하수에로는 35세였고, 상상을 초월할 만큼 부유했다. 궁전의 대리석 기둥에는 "백색, 녹색, 청색 휘장"이 걸려 있었고, "화반석, 백석, 운모석, 흑석"을 깐 모자이크 바닥에는 "금과 은으로 만든 걸상"이 놓여 있었다(에 1:6). 홀에는 70피트(약 21미터) 높이의 기둥 서른여섯 개가 있었으며, 각각의 기둥 상단에는 섬세하게 조각된 두 마리의 황소가 천장의 거대한 대들보를 떠받치고 있었다.[2] 모자이크 바닥조차도 예술 작품이었다. 한 세기 뒤 알렉산더 대왕이 수사의 궁전에 들어왔을 때 그는 오늘날의 가치로 546억 달러 상당의 금괴와 금화 270톤을 발견했다.[3] 아하수에로 왕에게는 돈이라면 얼마든지 있었다.

그는 병사들에게 부와 포상을 약속했다. 그리고 자신이 약속을 지킬 수 있음을 보여주려고 여섯 달 동안 잔치를 베풀었다. "왕이 여러 날 곧 백팔십 일 동안에 그의 영화로운 나라의 부함과 위엄의 혁혁함을 나타내니라 이 날이 지나매 왕이 또 도성 수산[수새]에 있는 귀천간의 백성을 위하여 왕궁 후원 뜰에서 칠 일 동안 잔치를 베풀새"(에 1:4-5).

그들은 사육제의 마지막 날처럼 먹고 마셨다. 여러 주둔지에서 모여든 지방관들과 보좌관들, 하급 관료들이 한데 어울려 잡담을 나누며 즐겼다. 십여 개의 테이블에 음식이 차려졌으며, 사람들은 술을 물처럼 들이켰다. 모두가 마시고 또 마셨다. 유명인사들과 산해진미와 고

급 와인으로 떠들썩한 파티가 6개월간 이어졌다. 아하수에로가 전체 행사를 주관했다.

그러나 잔치가 끝날 무렵, 왕은 본색을 드러내기 시작했다. 잔치를 시작한 지 187일째 되는 날 그는 "주흥이 일어나서"(에 1:10) 왕비 와스디를 불렀다. 살짝 취기가 돈 아하수에로는 아내를 자랑하고 싶었던 것이다. 왕비 와스디는 "용모가 보기에 좋"았다(에 1:11). 아하수에로는 아내가 그의 친구들 앞에서 춤을 춰주기를 기대했다. 고대의 성경 주석인 미드라쉬에 의하면 아하수에로는 왕비에게 금관 이외에 다른 아무것도 걸치지 말고 들어오라고 했다.[4] 사실 여부를 확인할 길은 없지만, 그가 국정에 관해 의견을 듣고자 왕비를 부른 것이 아니라는 점만은 확실하다.

페르시아는 여성에게 안전한 곳이 아니었다. 왕비를 포함하여 여자들은 모두 소유물이었다. 와스디는 대부분의 시간을 왕궁의 어느 구석진 곳에 틀어박혀 지냈다. 다음번 왕 앞에 나아갈 때를 대비해 몸치장을 하면서. 그녀는 장신구에 불과했다. 아하수에로 왕에게 그녀는 트로피나 마찬가지였다. 그녀의 유일한 기능은 아하수에로를 강력하고 중요한 인물로 보이도록 하는 것이었다.

그런 그녀가 왕의 청을 거절하다니, 아하수에로는 놀라지 않을 수 없었다. 술을 마시는 남자들 앞에서 그런 오만방자한 태도를 보인다? 있을 수 없는 일이었다. (잘했어요, 와스디.)

"왕이 진노하여 마음속이 불 붙는 듯하더라"(에 1:12).

127개 지방을 다스리는 통치자이자[5] 전 세계를 지배하는 강력한 군주인 아하수에로가 아내에게 청을 거절당했다. 그는 여섯 달 동안 먹고 마시며 힘자랑을 했는데, 그 마지막 날 밤에 같이 술을 마시던 친구들 앞에서 체면을 구긴 것이다. 아하수에로는 너무나 놀라서 회의를 소집했다. 그는 일곱 명의 (술에 취해 정신이 흐릿한) 조언자를 불러 물었다. "음… 이 일을 어떻게 처리하면 좋겠소?"

현명한 상담자라면 왕에게 문제를 조용히 처리하도록 촉구했을 것이다. 그러나 아하수에로의 조언자들은 그와 마찬가지로 술에 취해 있었다. 그들은 이렇게 대답했다.

> 왕후 와스디가 왕에게만 잘못했을 뿐 아니라 아하수에로 왕의 각 지방의 관리들과 뭇 백성에게도 잘못하였나이다 아하수에로 왕이 명령하여 왕후 와스디를 청하여도 오지 아니하였다 하는 왕후의 행위의 소문이 모든 여인들에게 전파되면 그들도 그들의 남편을 멸시할 것인즉 (에 1:16-17).

이 같은 대답에서 두려움이 느껴진다.
'뭔가 행동에 나서야 해. 안 그러면 세상이 거꾸로 돌아갈 거야.'
'여자들이 스스로 생각하기 시작할 거야.'
'남자들이 아내에게 친절하게 대해야 할지도 몰라.'
'딸들이 부엌 바깥의 삶을 꿈꾸게 될 거야.'
'어떻게 하면 그런 비극을 막을 수 있을까? 와스디를 몰아내자.'

왕이 만일 좋게 여기실진대 와스디가 다시는 왕 앞에 오지 못하게 하는 조서를 내리되 바사와 메대의 법률에 기록하여 변개함이 없게 하고 그 왕후의 자리를 그보다 나은 사람에게 주소서 왕의 조서가 이 광대한 전국에 반포되면 귀천을 막론하고 모든 여인들이 그들의 남편을 존경하리이다(에 1:19-20).

이들은 어느 별에서 태어났단 말인가? 누가 그들의 술잔에 약을 탔는가? 그들은 왕의 조서로 인해 아내들이 남편을 존경하게 되리라고 믿을 만큼 그토록 맹목적이고, 그토록 오만하고, 그토록 인간 본성에 무지했던 것일까? 세상에서 가장 광대한 제국의 국정 운영을 책임지고 있던 그들이? 그들은 라커룸에 모인 한 무리의 사춘기 소년들일 뿐이었다.

아하수에로는 중요한 인물처럼 보이고 싶었지만, 자신의 무지를 드러냈을 뿐이다. 그가 과시한 그 모든 부와 권력에도 불구하고 그는 여성을 혐오하는 얼간이 이상의 아무것도 아니었다.

아이러니하지 않은가? 그의 어리석음에 절로 고개가 저어지지 않는가? 왕의 대답에 구역질이 나지는 않는가? 만약 그렇다면 에스더서의 저자는 소기의 목적을 달성한 셈이다. 거만한 아하수에로의 이야기와 겨울 밀밭에서 뛰어놀고자 했던 나의 이야기에는 동일한 가능성이 내포되어 있다. 화려하고 매혹적인 것들이, 실은 어리석고 문제가 많은 것들이라면 어떨 것 같은가? 반짝이는 불빛이 실은 장난이고 눈속임이라면 어떨 것 같은가? 그 모든 레드 카펫과 그 모든 소셜미디어의 사진들, 그 모든 근사한 파티와 초대장이 있어야만 들어갈 수 있는 클럽, 그 모든 호화롭고 매력적인 것들이 거대한 겨울 밀밭이라면 어떨 것 같은가?

그 안에서 뛰어놀지 말라.

거기에 현혹되지 말라.

미끼를 물지 말라.

속아 넘어가지 말라.

페르시아의 편안한 삶에 안주하지 말라.

언약 백성으로서 당신의 소명에 충실하라.

이제 시야를 조금 더 넓혀 보기로 하자. 혹시 히브리 역사에 관한 짤막한 글을 읽을 만큼 시간이 되는가?

하나님이 아브라함을 우르 밖으로 부르셨을 때 그분은 아브라함이 거룩한 민족의 조상이 되게 하겠다고 약속하셨다. "너를 축복하는 자에게는 내가 복을 내리고 너를 저주하는 자에게는 내가 저주하리니 땅의 모든 족속이 너로 말미암아 복을 얻을 것이라"(창 12:3).

하나님은 정확히 어떻게 이스라엘을 통해 온 세상에 복을 주려 하셨는가? 첫째, 이스라엘 민족은 하나님의 영광과 선하심을 반영한 삶으로써 세상 사람들에게 본이 될 터였다. 타락하고 문란하고 잔인한 가나안인들과 달리 그들은 창조주를 섬기고 이웃을 사랑하며 가족을 소중히 여긴다. 둘째, 그들의 가계에서 세상의 가장 큰 축복인 예수 그리스도가 탄생할 것이었다. 이스라엘의 자손은 하나님이 아브라함에게 하신 언약의 관리인이었다.

이러한 이유로 이스라엘 민족은 다른 민족들과 섞이지 않았다. 그들은 구분되었다. 성별(거룩하게 구별)되었다. 그들에게는 유대인이 아닌 사람과 혼인하거나 이방의 신들을 섬기거나 이방 문화를 받아들이거나 하는 일이 허락되지 않았다. 그들에게는 예배하고, 생활하고, 사랑하는 그들만의 방식이 있었다.

그들이 이민족과 섞이지 않는 데 성공했는가? 때로는 놀랍게 성공했다. (여호수아가 약속의 땅을 물려받은 것을 생각해보라.) 그리고 때로는 비참하게 실패했다. (후대로 갈수록 점점 더 악해진 부패한 왕들의 계보를 떠올려보라.) 결국 그들은 하나님을 잊었고, 그리하여 하나님은 그들의 주의를 끌기 위해 바빌론 유수를 사용하셨다.

BC 586년, 바빌로니아인들은 예루살렘에 쳐들어와 1만 명가량의 인재를 끌고 갔다. BC 539년에는 페르시아인들이 바빌로니아를 침략했다. 모르드개와 에스더의 시대에 유대인들은 예루살렘에서 살던 때로부터 거리상으로는 천 마일 이상, 시간상으로는 세 세대만큼 떨어져 있었다.

그들 중 고향 땅에서의 삶을 기억하는 사람이 있었으리라고는 상상하기 어렵다. 그들은 온통 페르시아인들에게 둘러싸여 있었고, 일상적으로 군인들의 발소리와 마차 바퀴 소리를 들었다. 상인들은 페르시아인들과 거래했으며, 농부들은 페르시아인들에게 농작물을 팔았다. 그들은 이방 사람들의 부와 향기로운 신전을 보며 살았다. 게다가 정말로 열성적인 유대인들은 스룹바벨이나[6] 에스라와[7] 함께 예루살렘으로 돌아간 후였다.

페르시아에 남아 있는 유대인들은 그곳에 남기로 선택한 사람들이었다. 페르시아에서의 생활은 그들에게 이롭게 작용했다. 그들은 안정적인 일자리를 얻을 수 있었다. 개중에는 히브리인이라기보다는 페르시아인에 더 가까운 사람도 있었다. 수사 사람들과 같은 성공과 부를 누리려면 게임을 제대로 하고, 규칙을 지키고, 페르시아의 문화에 동화되기만 하면 되었다.

약속의 땅에 정착한 유대인들을 묘사한 구약의 다른 책들과 달리 에스더서는 고향에서 멀리 떨어진 곳에서 살아가는 사람들을 그려 보인다. 예루살렘은 너무나 멀고 페르시아는 너무나 가까웠다. 너무나 화려하고 너무나 매혹적이었다. 그곳은 거대한 밀밭이었다. 에스더서의 저자는 나와 같은 비유를 사용하지는 않았지만, 나의 이 밀밭 비유를 고맙게 생각했을 것이다. 에스더서 1장의 요점은 간단하다. 바로 페르시아가 사람을 현혹한다는 것이다.

우리에게도 이와 같은 경계의 말이 필요할까? 유대인들에게 주어진 과제가 우리에게로 이어져 내려왔다. 하나님은 교회를 통해 그분의 영광과 선하심을 펼쳐 보이신다. 하나님을 섬기고 이웃을 사랑하고 가족을 소중히 여길 때 우리는 하나님의 메시지를 전하는 전광판이 된다.

우리 역시 관리인이다. 예수님의 메시지의 관리인. 예수님은 유대인 가계에서 태어나셨다. 그리고 오늘날에는 성도들의 삶을 통해 태어나신다. 당신과 내가 믿음의 삶을 살 때 예수님은 믿음이 없는 문화 속으로 들어가신다. 우리에게는 세상이 필요로 하는 소망이 있다.

그러나 우리는 이따금 우리의 소명을 잊어버린다. 그러므로 이 점을 기억해야 한다. 바로 페르시아가 우리를 현혹한다는 것을. 수십억 달러 규모의 거대 산업들은 해로운 영향을 미치는 라이프스타일을 받아들이도록 당신을 유혹한다.

예를 들어보라고? 이건 어떤가? '포르노그래피는 무해한 성 표현이다.' 정말 그럴까? 포르노그래피는 마약과 알코올처럼 중독성이 있다.[8] 그것은 뇌의 구조를 바꾼다.[9] 포르노그래피가 조장하는 성매매와 폭력은 또 어떤가? 하지만 포르노그래피를 유통하는 자들이 순진한 사람들에게 속삭이는 메시지는 '전혀 해롭지 않습니다. 그냥 섹스일 뿐인걸요'이다.

거짓말이다.

아니면 이건 어떤가? '죽을 때 가장 많은 장난감을 가진 사람이 승자다.' 당신은 곧 당신이 소유한 것들이다. 그러므로 가질 수 있는 것은 다 가져라. 빚을 내라. 돈을 빌리라. 대출을 받으라. 대출받는 것은 그럴 만한 가치가 있다. 미국의 가구당 부채는 평균적으로 14만 5,000달러에 이르며, 여기에는 약 7,000달러의 신용카드 빚이 포함되어 있다.[10] 우리는 이런저런 물건들이 삶에 활력을 불어넣어 주리라 여기며 그것들을 숭배한다. 그러나 당신의 창조주는? 그분은 진리를 말씀하신다. "너희를 위하여 보물을 땅에 쌓아 두지 말라 거기는 좀과 동록이 해하며 도둑이 구멍을 뚫고 도둑질하느니라 … 오직 너희를 위하여 보물을 하늘에 쌓아 두라"(마 6:19-20).

여기 또 하나의 거짓말이 있다. '약간의 술은 하루의 피로를 날려버린다. 해가 될 게 무엇이겠는가?' 주류 산업의 마케팅 귀재들에 의하면 답은 '전혀 해 될 게 없다'이다.

"멋진 삶을 즐기세요." 밀러 맥주는 말한다.

"해변으로 와요." 코로나 엑스트라가 손짓한다.

"지상 최고로 행복한 시간이 될 거예요." 제임슨 위스키가 말한다.

"짜릿한 기분을 만끽할 수 있답니다." 호세 쿠에르보 테킬라가 주장한다.[11]

그러나 이 달콤한 광고 문구의 저변에는 알코올 남용이라는 약점이 있다. 지나친 음주는 우리의 몸과 정신 건강, 결혼생활, 일, 우정, 생산성, 그리고 임신에 안 좋은 영향을 미친다.[12]

거짓말의 예는 얼마든지 더 들 수 있다. 정체성에 관한 거짓말, 인종에 관한 거짓말, 다원주의에 관한 거짓말 등 거짓말은 어디에나 있다. 그리고 그 결과는 참혹하다.

내가 이 글을 쓰고 있는 현재, 경기 침체가 갈수록 심해지고 있고,[13] 이혼율이 전년 동월 대비 34퍼센트 증가했으며,[14] 긴급 상담 전화를 이용한 횟수가 891퍼센트 늘어났고,[15] 자살률이 제2차 세계대전 이후로 최고치를 기록했다.[16] 그리고 설문 조사가 있기 직전 한 달간 18세에서 24세의 청소년 네 명 중 한 명이 진지하게 자살을 고민했다.[17]

하나님을 믿지 않는 사회에서 하나님의 백성이 어떻게 살아야 할까? 비신자들과 섞이고 동화되어야 할까? 아니다. 지금은 신자답게 행동하고 다른 신자들을 도와야 할 때이다. 우리는 이때를 위해 지음 받았다.

나는 보이스카우트 시절에 구급대원 배지를 탔다. 구급대원은 삔 발목에 붕대를 감고 까진 무릎에 반창고를 붙일 수 있었다. 세계 보이스카우트 대회가 열린 어느 날, 나는 구급 텐트에 배치되었다. 처음에는 신이 났다. 구급대원 완장을 차고 구급 텐트의 깃발 아래 서 있는 내가 중요한 인물처럼 느껴졌다. 그러나 텐트 바깥에 서서 다른 아이들이 하는 활동을 지켜보고 있으려니 나만 홀로 남겨진 느낌이었다. 다른 아이들은 달리기를 하고 수영을 하며 놀고 있었다. 그런데 나는? 나는 텐트 앞에 서 있었다. 나는 구급대원 완장을 떼고 다른 아이들과 함께 어울리고 싶었다. 그런데 내가 불평하는 것을 들은 한 소년단장이 이렇게 말해주었다. "너는 특별한 곳에 있잖아. 그러니까 다른 사람들과 달라야 해. 이 텐트는 다친 아이들을 위한 곳이야."

그래서 나는 자리를 지켰다.

당신은 자리를 지키려는가?

지금은 페르시아에서 뛰어놀 때가 아니다.

너희는 택하신 족속이요 왕 같은 제사장들이요 거룩한 나라요 그의 소유가 된 백성이니 이는 너희를 어두운 데서 불러내어 그의 기이한 빛에 들어가게 하신 이의 아름다운 덕을 선포하게 하려 하심이라 너희가 전에는 백성이 아니더니 이제는 하나님의 백성이요 전에는 긍휼을 얻지 못하였더니 이제는 긍휼을 얻은 자니라 사랑하는 자들아 거류민과 나그네 같은 너희를 권하노니 영혼을 거슬러 싸우는 육체의 정욕을 제어하라 너희가 이방인 중에서 행실을 선하게 가져 너희를 악행한다고 비방하는 자들로 하여금 너희 선한 일을 보고 오시는 날에 하나님께 영광을 돌리게 하려 함이라(벧전 2:9-12).

당신은 변덕스러운 왕과 화려한 파티 이상의 것을 위해 지음받았다. 당신은 전능하신 하나님을 섬기고, 하나님의 성령의 전이 되도록 지음받았다. 페르시아는 아무것도 제공하지 않는다. 할리우드는 당신의 욕구를 충족시킬 수 없다. 매디슨가(Madison Avenue, 뉴욕의 거리로 광고 거리의 대명사 - 편집자 주)는 많은 것을 약속하지만, 사람들에게서 희망을 앗아간다. 하나님 없이 사는 삶은 살 만한 것이 못 된다.

모르드개와 에스더가 이것을 알게 될까? 타락한 세상에서 그들은 유혹을 물리칠까? 어느 쪽이 승리할까, 믿음일까 아니면 호화로운 생활일까? 이 질문에 대한 답변은 당신을 놀라게 할 수 있다. 경각심을 불러일으킬 수 있다. 성경의 영웅들이 늘 처음부터 믿음이 좋았던 것은 아니다. 당신과 나처럼 그들도 겨울 밀밭에서 뛰놀았던 것으로 알려져 있다.

다음 장의 내용을 그 세세한 부분까지 미리 알려줄 수는 없지만, 우리의 주인공들이 곧 발을 다치게 되리라는 것 정도는 말해줄 수 있다.

묵상을 위한 질문

1. 이 장에는 페르시아와 아하수에로 왕에 관한 더 많은 정보가 나온다. 아하수에로가 베푼 7일간의 잔치를 상상해보라.

    - 잔치에 참석한 사람들은 누구인가?
    - 그들은 무엇을 하고 있었는가?
    - 당신이 거기에 있었다면 어떤 생각을 했겠는가?

2. 이 잔치 그리고 아하수에로가 대표하는 모든 것은 히브리인의 삶의 방식과 어떻게 다른가?

3. 다음 문장의 빈칸을 채우라. "이러한 이유로 이스라엘 민족은 _____ _____ _____ _____."(45쪽)

    - 이스라엘 민족은 이렇게 하는 데 성공했는가?
    - 하나님은 이스라엘 민족의 주의를 끌기 위해 무엇을 하셨는가?
    - 그 결과는 무엇이었는가?
    - 에스더의 시대는 이스라엘 민족이 예루살렘을 지배했던 시대로부터 얼마나 시간이 흘렀을 때인가?

4. 당신은 고향에서 멀리 떨어진 낯선 땅에 있는 자신을 발견한 적이 있는가?

    - 만약 그렇다면, 어떤 이유에서 낯선 땅에 가게 되었는가?

- 그로 인해 더 좋게 바뀐 점은 무엇인가?
- 그로 인해 더 나쁘게 바뀐 점은 무엇인가?

5. 7일간의 잔치에서 아하수에로는 어떻게 본색을 드러냈는가?

- 이는 페르시아의 리더십에 대해 무엇을 말해주는가?
- 밀밭 이야기가 당신이 겉보기에만 그럴싸한 무언가에 끌렸던 때를 상기시키는가? 그때의 경험을 다음 문장과 연결시킬 수 있는가? "거만한 아하수에로의 이야기와 겨울 밀밭에서 뛰어놀고자 했던 나의 이야기에는 동일한 가능성이 내포되어 있다. 화려하고 매혹적인 것들이 실은 어리석고 문제가 많은 것들이라면 어떨 것 같은가? 반짝이는 불빛이 실은 장난이고 눈속임이라면 어떨 것 같은가?" 당신의 경험은 이와 어떻게 비슷한가?

6. 우리는 이스라엘 민족이 그랬듯 거룩함과 세상 사이에서 갈팡질팡하다가 우리가 누구고, 어디서 왔으며, 어떤 부르심을 받았는지 잊어버릴 수 있다. 당신의 믿음의 여정에 대해 이야기해보라.

- 당신은 자신이 경건하고 믿음이 좋다고 느낄 때가 있는가?
- 당신이 예루살렘 대신 페르시아를 선택했을 때는 언제인가?
- 요즘 당신은 어디에 있는가? 유랑민처럼 떠돌아다니는가 아니면 당신이 믿는 하나님 가까이에 있는가? 혹은 그사이 어디쯤에 있는가?

7. 교회는 이스라엘 민족과 비슷한 길을 걸어왔다. 때로는 하나님의 부르심에 따라 거룩해지려고 애썼고 때로는 페르시아에 동화되었다.

- 당신은 당신이 다니는 교회나 다른 교회 안에서 무엇을 목격했는가?
- 교회의 역사가 왜 그렇게 험난하다고 생각하는가?
- 만약 당신이 교회의 부족한 면을 경험했다면, 그것이 당신의 믿음에 어떤 영향을 미쳤는가?

8. "우리 역시 관리인이다. 예수님의 메시지의 관리인."(47쪽)

- 예수님의 메시지가 무엇인지 당신 자신의 말로 설명해보라.
- 교회는 어떻게 이 메시지를 맡은 더 나은 관리인이 될 수 있을까?
- 신자 개개인은 어떻게 이 메시지의 관리인 역할을 수행하는가?

9. 저자는 포르노그래피나 알코올 등에 대한 그릇된 믿음처럼 예수님의 메시지를 전하는 데 방해가 되는 요소들을 제시한다. 당신은 예수님의 메시지를 전하는 데 방해가 되는 그릇된 믿음을 가진 적이 있는가? 만약 그렇다면, 그 그릇된 믿음은 당신이 사람들에게 하나님의 사랑을 보여주는 방식에 어떤 영향을 미쳤는가?

10. 베드로전서 2장 9-12절을 읽으라.(50쪽)

- 하나님의 "택하신 족속"이라는 말은 무슨 뜻인가?
- "하나님의 소유가 된 백성"에게는 어떤 책임과 은사가 주어지는가?
- 당신에게 "긍휼"은 무엇을 의미하는가? 긍휼은 영혼을 거슬러 싸우는 육체의 정욕을 제어하는 데 어떤 도움이 되는가?

- 긍휼이 우리로 하여금 "행실을 선하게 가져" 주변 사람들에게 유익을 끼치게 하는 것은 왜일까?

11. "당신의 믿음이나 신념에 대해 분명한 입장을 취하라"는 말을 들을 때 어떤 생각이 드는가?

- 당신은 이 말이 어떤 뜻이라고 생각하는가?
- 왜 그렇게 생각하게 되었는가?
- 베드로전서 2장 9-12절에 의하면, 우리가 분명한 입장을 취하는 것(또는 저자가 보이스카우트 캠프에서 구급대원의 의무를 수행했을 때처럼 자기 자리를 지키는 것)은 우리 마음속의 죄를 어떻게 다루느냐로부터 시작된다. 이는 분명한 입장을 취하는 것에 대해 당신이 기존에 가지고 있던 생각과 어떻게 비교되는가?
- 이것이 분명한 입장을 취하는 우리의 방식이라면, 교회는 이 일을 더 잘하기 위해 어떻게 해야 할까?

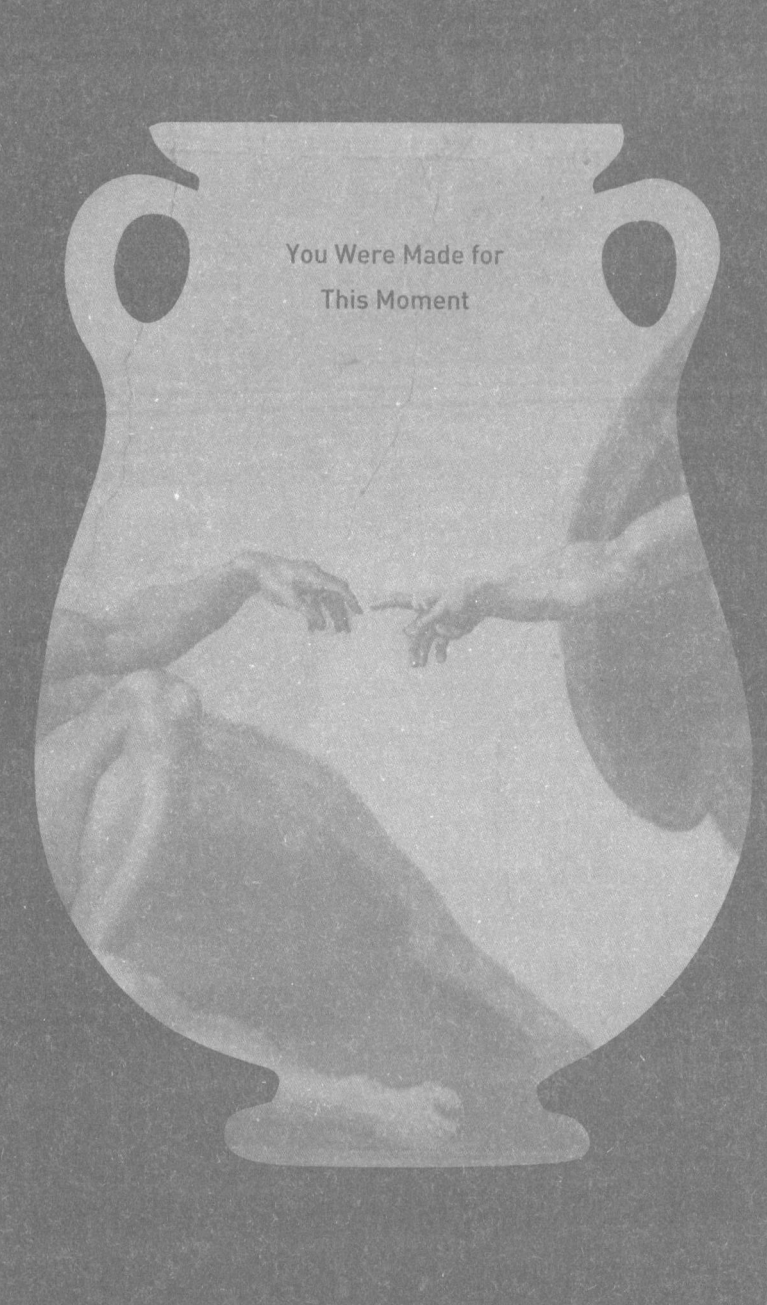

3장

두 이름을 가진 소녀

 나는 천국에 가면 물어보고 싶은 게 두 가지 있다. 불만을 말하려는 건 아니다. 천국에서는 불만이 없을 테니까. 어쩌면 궁금한 것도 없을지 모르겠다. 하지만 만약 궁금한 게 있다고 한다면, 나는 모기와 중학생 시절에 대해 물어보고 싶다. 과연 모기와 중학생 시절이 필요한지에 대해. 사람의 피를 빨아먹는 그 조그만 해충과 아이도 아니고 성인도 아닌 그 불안정한 시기가 없다면 세상은 한결 살 만하지 않을까?
 사춘기 시절 나는 어리숙했고 지나칠 정도로 수줍음이 많았다. 누군가 내게 여자아이와 이야기하는 것과 이를 뽑는 것 중 하나를 선택하라고 했다면 나는 치과에 가는 편을 택했을 것이다. 내겐 공부벌레 친구 두 명이 있었다. 우리는 인기 있는 아이들은 아니었다. 옷을 잘 입지도 못했고, 최신 유행어를 알지도 못했다. 우리는 공부만 했다. 사실 누가 가장 좋은 성적을 거두느냐를 두고 경쟁을 했다. 수업 시간에는 늘 맨 앞자리에 앉았고, 셔츠 호주머니에는 항상 볼펜이 꽂혀 있었다! 우리는 숙맥이었다. 하지만 그래도 괜찮았다. 한 친구가 이사를 가고 다른 한 친구가 신문 배달을 시작하기 전까지는. 그 친구들과 함께 놀 수 없게 되자 여드름투성이에 비쩍 마르고, 사교성이라곤 전혀 없는 나만 홀로 남았다.

하지만 내게도 다른 아이들과 어울리는 데 유리하게 작용할 만한 점이 하나 있었다. 나는 야구를 할 줄 알았다. 썩 잘하지는 못했지만 소년 야구단에 입단할 정도는 되었다. 소년 야구단은 어린이 야구단과 고등학생 야구부 사이의 중간 단계에 있는 팀이다. 나는 7학년과 8학년으로 구성된 팀의 신입 선수였다.

첫 연습 날은 3월의 어느 추운 날이었다. 겨울바람이 매서웠다. 북풍이 몰아쳐서 기온이 뚝 떨어지고 이제 막 싹이 트려던 나무들이 휘청거렸다. 엄마가 스웨터를 건넸다. 거기에는 누나들이 졸업했고 장차 나도 졸업하게 될 훌륭한 인문 교육 기관인 애빌린크리스천칼리지(Abilene Christian College)의 상징이 그려져 있었다. 내가 스웨터를 입으면서 그 '애빌린 크리스천'이라는 글자를 발견했을 때는 이미 차를 타고 연습장으로 가는 중이었다. 나는 어찌할 바를 몰랐다. '크리스천'이라고 쓰여 있는 스웨터를 입고 갈 수는 없었다. 인기 있는 아이들은 크리스천이 아니다. 크리스천으로서 신고식을 치를 수는 없었다. 나는 이미 불리한 입장이었다. 범생이에다 신참이었으니까.

내가 그다음 한 일을 고백하면 어쩌면 목사직을 박탈당할지도 모르겠다. 엄마가 연습장에 내려주었을 때 나는 엄마의 차가 시야에서 사라질 때까지 기다렸다가 스웨터를 벗었다. 그러고는 그것을 둘둘 말아서 담장 밑에 숨겨두었다. 팀원들에게 따돌림을 당하느니 차라리 반소매 셔츠를 입은 채 추위에 떠는 편을 택한 것이다.

그때의 선택이 자랑스러운 것은 아니다. 사도 바울이 "너희는 이 세대를 본받지 말고 오직 마음을 새롭게 함으로 변화를 받으라"(롬 12:2)고 말했을 때 그것은 중학생 시절의 맥스에게 하는 말이었다.

우리는 시류에 순응할 수도 있고 변화할 수도 있다. 그날 나는 스웨터를 감추는 편을 택했다.

에스더와 모르드개도 똑같이 했다. 그들은 정체를 숨겼다. 시류에 순응한 것이다. 이런 말이 듣기 거북한가? 우리는 에스더와 모르드개가 굳건한 믿음의 소유자라고 생각하는 경향이 있다. 에스더는 여자 다니엘이고, 모르드개는 의지가 굳은 폴 리비어(미국 독립전쟁 당시 민병대 장교로 활약한 애국자-역주)라고. 그들은 결코 흔들리지 않는다. 결코 갈팡질팡하지 않으며, 의무를 회피하지 않는다. 그들은 목소리를 크게 냄으로써 유대 민족을 구했다. 그들의 얼굴을 히브리인의 러시모어산(조지 워싱턴을 비롯한 네 명의 미국 대통령 얼굴이 새겨져 있는 산-역주)에 새기자. 그들은 용감한 사람이다.

그러나 그들에게도 용기가 부족했던 때가 있었다.

성경의 인물들은 복합적이다. 그들은 주일학교에서 사용하는 펠트 천으로 만든 인물 모형처럼 일차원적이지 않다. 모세는 해방자이기 전에 살인자였다. 요셉은 총리이기 전에 풋내기였다. 물론 사도 베드로는 오순절에 그리스도를 선포했다. 그렇지만 그는 그리스도께서 십자가에 못 박히신 날 저녁에 그리스도를 부인했다. 성경에 나오는 사람들은 말 그대로 사람들이다. 진짜 사람들. 당신과 같은 사람들. 나와 같은 사람들. 그리고 당신과 나처럼 그들에게도 훌륭했던 때가 있었고, 또한 자신의 믿음을 숨긴 때도 있었다.

에스더서 2장은 "그 후에"라는 말로 시작한다.

> 그 후에 아하수에로 왕의 노가 그치매 와스디와 그가 행한 일과 그에 대하여 내린 조서를 생각하거늘(에 2:1).

"그 후에." 어떤 일 다음인가? 1장과 2장 사이에 무슨 일이 있었는가? 단서는 몇 구절 뒤에서 찾을 수 있다. "아하수에로 왕의 제칠년 시월 곧 데벳월에 에스더가 왕궁에 인도되어 들어가서 왕 앞에 나가니"(에 2:16).

이 이야기는 아하수에로가 "왕 위에 있은 지 제삼년에"(에 1:3) 시작되었다. 그리고 이제 왕후 와스디가 쫓겨난 지 4년이 지났다. 그 4년 동안 아하수에로는 그리스를 침략하려다가 실패했다. 그는 몹시 지치고 의기소침한 상태였을 것이다. 돌아오는 길에 그는 와스디를 떠올리고는 자신에게 아내가 없음을 깨달았다. 그는 금으로 장식된 문을 열고 들어섰지만 두 팔 벌려 그를 맞아줄 사람은 없었다. 그를 위로하고 격려해줄 아내는 없었다. 어쩌면 그로 하여금 조언자들의 의견을 받아들여 와스디를 "그보다 나은 사람"(에 1:19)으로 대체하게 한 것은 그의 상처 입은 자아일지도 모르겠다.

아하수에로가 왕비를 선택할 수 있도록 광대한 제국에서 가장 아름다운 처녀들을 불러 모으라는 명령이 떨어졌다. 그렇게 해서 모인 처녀들의 수는 400-1,460명으로 추산된다.[1] 이들에게는 왕을 사랑할 것이 요구되지 않았다. 그저 왕을 즐겁게 해주기만 하면 되었다. 왕비가 되지 못한 사람은 후궁 중 하나가 되어 평생 궁에서 살아야 했다. 가족에게 돌아가지도 못했고, 왕을 만나는 것도 그의 부름이 있어야만 가능했다. 아이를 낳으면 그 아이는 커서 왕을 섬길 수는 있었지만, 왕위를 계승하리라고 여겨지지는 않았다.[2] 후궁은 다른 남자와 잠자리를 함께할 수 없었다. 밤의 어둠 속에서 그가 아하수에로보다 더 나은 연인이라는 말을 듣는 일이 없어야 하기에.[3]

그렇다, 역겨운 이야기다.

페르시아라고 하는 이 독이 든 스튜에 모르드개라는 이름의 유대인과 그의 사촌 하닷사가 풍덩 빠졌다.

> 도성 수산에 한 유다인이 있으니 이름은 모르드개라 그는 베냐민 자손

이니 기스의 증손이요 시므이의 손자요 야일의 아들이라 전에 바벨론 왕 느부갓네살이 예루살렘에서 유다 왕 여고냐와 백성을 사로잡아 갈 때에 모르드개도 함께 사로잡혔더라(에 2:5-6).

당신과 나에게는 이 대목이 그다지 특별하게 느껴지지 않는다. 우리는 발음하기 어려운 이름들에 대해 몇 마디 할 수도 있겠지만, 그게 전부다. 그러나 유대인들에게는? 토라의 방식으로 훈련된 사람들에게는? 하나님의 언약 백성의 정체성을 소중히 여기도록 배운 사람들에게 이 대목은 몇 가지 의문을 불러일으킬 것이다.

예컨대 모르드개는 왜 수사의 성안에 사는가? 성안에 사는 것은 국회의사당이 있는 곳에 사는 것과도 같다. 성안은 페르시아의 영향을 가장 크게 받는 곳이었다. 유대인 대부분은 성에서 떨어진 곳, 페르시아의 권력과 정치의 중심지로부터 멀리 떨어진 곳에 살았다. 그런데 모르드개는 성안에서 살았을 뿐만 아니라 궁에서 일했다("대궐 문에 앉았을 때에", 에 2:21).

그는 아하수에로를 위해 일했다! 모르드개는 정계라는 빽빽한 산림에 자리 잡은 것이다. 모르드개와 에스더의 시대로부터 2,500년이 지난 현재의 우리에게는 이것이 별문제가 되지 않는다. (잘했어요, 모르드개. 낯선 땅에서 잘해나가고 있었군요.) 하지만 유대인들에게는? 유대인들에게는 큰 문제였다. 유대인이 된다는 것은 이민족과 섞이지 않도록 부름받은 것이다. 그런데 모르드개는 이방의 왕을 섬기고 있었다.

게다가 그는 이방 이름을 가지고 있었다! '모르드개'라는 이름은 페르시아의 신 '마르둑'에서 유래한 것이다.[4] 그것은 이방 신을 기념하기 위한 이름이었다. 오늘날 유대인이 아들의 이름을 무하마드라고 짓겠는가? 오늘날 하나님을 경외하는 유대인이 이란의 군대를 위해 일하려고 하겠는가? 그러지 않을 것이다. 그렇다면 페르시아 왕궁에서 일하며 이방 신의 이름으로 살아가는 유대인을 어떻게 설명할 것인가?

그 답은 발음하기 어려운 이름들로 돌아감으로써 찾을 수 있다. 모르드개는 "베냐민 자손이니 기스의 증손이요 시므이의 손자요 야일의 아들이라 전에 바벨론 왕 느부갓네살이 예루살렘에서 유다 왕 여고냐와 백성을 사로잡아 갈 때에 모르드개도 함께 사로잡혔더라"(에 2:5-6). 모르드개가 활동하던 시기는 유대인들이 예루살렘에서 살던 시절로부터 세 세대만큼 시간이 흐른 뒤였으며, 이는 히브리적인 특성이 희미해지기에 충분한 시간이었다. 모르드개는 그에게 주어진 이방 신의 이름으로 살아가면서 그의 믿음을 비밀로 했다. 스웨터를 둘둘 말아 담장 밑에 감춘 것이다.

그는 에스더에게 남들이 하는 대로 하라고 일렀다.

> 그의 삼촌의 딸 하닷사 곧 에스더는 부모가 없었으나 용모가 곱고 아리따운 처녀라 그의 부모가 죽은 후에 모르드개가 자기 딸 같이 양육하더라(에 2:7).

'하닷사'는 상록 관목의 하나인 '도금양'(Myrtus)을 가리키는 히브리어다. 랍비들의 주석에 의하면 도금양은 '의롭다'는 뜻으로,[5] 우리의 주인공에게 잘 어울리는 이름이라 하겠다. 하닷사는 이제 곧 의로운 일을 하게 될 터이므로.

그러나 그녀는 에스더라고도 불렸는데, 이는 페르시아의 여신인 이쉬타르의 이름을 따서 지은 것이다.[6] 그녀는 어떻게 해서 이 이름을 갖게 되었을까? 그리고 에스더를 페르시아의 왕비를 간택하는 자리에 내보내기로 한 모르드개의 결정을 어떻게 설명해야 할까?

당신은 와스디가 고분고분하게 굴지 않았다는 이유로 아하수에로가 그녀를 쫓아냈음을 기억할 것이다. 그는 와스디를 내쫓은 후 페르시아의 모든 아름다운 처녀들이 그 빈자리에 지원하도록 했다.

> 왕의 조서와 명령이 반포되매 처녀들이 도성 수산에 많이 모여 헤개의 수하에 나아갈 때에 에스더도 왕궁으로 이끌려 가서 궁녀를 주관하는 헤개의 수하에 속하니 헤개가 이 처녀를 좋게 보고 은혜를 베풀어 … 에스더가 자기의 민족과 종족을 말하지 아니하니 이는 모르드개가 명령하여 말하지 말라 하였음이라(에 2:8-10).

모르드개는 자신이 유대인임을 감추고 그의 어린 사촌에게도 그렇게 하도록 가르쳤다. 그는 왕비 후보들이 이방 왕과의 하룻밤을 보내야 한다는 것을 알면서도 에스더를 그 자리에 내보냈다. 모르드개는 에스더에게 왕을 즐겁게 하고 그녀가 유대인임을 비밀로 하라고 말했고, 에스더는 그 말에 따랐다.

대체 무슨 일이 벌어지고 있는 것일까?

바빌로니아인들처럼 페르시아인들도 피정복민에게 그들의 신을 믿지 말 것을 요구하지 않았다. 원하는 대로 하세요, 그들은 말했다. 황소를 희생제물로 바치세요. 달에 소원을 비세요. 여신에게 절하세요. 다만 페르시아의 신들도 섬기세요.

이는 유대인들로서는 받아들일 수 없는 것이었다. 토라에 의하면 신은 하나님 한 분뿐이었으므로. 유대인들은 날마다 '쉐마'(신명기 6장 4-9절. '들으라'는 뜻의 히브리어 '쉐마'로 시작하는 까닭에 이렇게 불린다-역주)를 세 번 암송했다. "이스라엘아 들으라 우리 하나님 여호와는 오직 유일한 여호와이시니 너는 마음을 다하고 뜻을 다하고 힘을 다하여 네 하나님 여호와를 사랑하라"(신 6:4-5). 그들은 오직 여호와 하나님만을 섬기고 하나님 앞에 다른 신을 두지 말아야 했다. 그러니 그들이 페르시아에서 어떻게 행동해야 했을까? 시편 기자의 질문이 곧 에스더의 질문이다. "우리가 이방 땅에서 어찌 여호와의 노래를 부를까?"(시 137:4). 믿음의 사람이 믿음 없는 세상에서 어떻게 살아갈 것인가?

모르드개와 에스더의 초기 반응은 정체를 숨기고 타협하는 것이었다. 그들의 믿음은 실용주의의 따스한 나이프에 닿은 부드러운 버터처럼 녹아내렸다.

'왜 굳이 왕을 화나게 하는 모험을 할 것인가?'

'진실을 밝혀서 좋을 게 무엇이겠는가?'

'나는 페르시아의 신들과 하나님을 같이 섬길 수 있다. 안 그런가?'

'나는 이름을 바꾸고 왕을 위해 일할 수 있다. 안 그런가?'

'나는 유대인임을 비밀로 하고 왕과 동침할 수 있다. 안 그런가?'

그들은 숨겨진 정체성의 세상을 창조했다. 모르드개는 조상이 히브리인임을 비밀로 했다. 에스더는 자신이 아브라함의 자손임을 밝히지 않고 왕비를 뽑는 자리에 나갔다. 두 사람은 유대인이라는 정체성을 몇 겹의 타협 아래에 묻었다.

이는 내게 천국에 가면 물어보고 싶은 것 또 한 가지를 떠올리게 한다. 모기와 중학교 시절에 관한 질문에 더해 나는 모르드개를 만나서 이렇게 묻고 싶다. "왜 그랬나요? 왜 그들이 에스더를 데려가게 두었나요? 어떤 일이 일어날지 알고 있었잖아요. 에스더는 하룻밤을 위해 몸단장을 하고 그 잔인한 왕에게 처녀성을 잃을 터였어요. 왕비로 선택되지 않는 한 후궁이 되어 여생을 궁에 갇혀 살아야 했을 거고요. 당신이 얼마나 많은 율법을 어겼는지 알아요?"

여기에 대해 모르드개는 이렇게 대답할 것 같다.

"맥스, 당신은 그곳에 없었잖소. 그래서 아하수에로가 얼마나 정신 나간 작자인지 모르는 거예요. 그는 정신병자에 변덕스러운 독재자라오. 나는 그렇게 해서라도 에스더가 안전하기를 바랐어요. 에스더에게 그녀가 유대인이라는 사실을 누구에게도 말하지 말라고 했던 것도 그래서였지요. 나는 에스더를 보호하고 싶었어요."

혹은 이렇게 말할 것이다.

"맥스, 당신은 이해하지 못할 거예요. 이 모든 것은 내 계획의 일부였다오. 나는 궁에서 일했어요. 그리고 궁녀 담당 내시 헤개와 친해졌답니다. 그에게는 에스더에 대해 묻고 에스더에게는 그에 대해 물었어요. 우리는 모든 게 순조롭게 돌아가도록 했지요. 하지만 만약 에스더가 유대인이라는 사실을 그가 알게 되면…."

아니면 이렇게 말할 수도 있다.

"루케이도, 당신이 어떻게 내게 그런 질문을 할 수가 있소? 당신은 창피하다고 그 스웨터를 입지 않았잖소."

그가 이렇게 받아치더라도 당연할 것이다. 하나님의 자녀라는 정체성을 숨기려 하는 충동은 우리 모두에게 있다. 페르시아에서뿐만 아니라 직장에서, 학교에서, 볼링장에서, 그리고 소년 야구단에서. 하지만 어느 시점에 이르면 우리 각자는 우리가 누구이며, 이것이 어떤 의미인지를 생각해보아야 한다.

우리는 모르드개와 에스더가 직면한 것과 같은 유혹에 직면한다. 우리 사회는 하나의 배타적인 믿음을 제외한 모든 믿음을 허용한다. 모든 이가 박수를 보내는 한 무엇이든 원하는 대로 하라. 서구 문화의 부인할 수 없는 가치는 관용이다. 그러나 아이러니하게도 관용의 챔피언들이 유일한 구원자와 인간 문제의 유일한 해결책을 믿는 기독교에는 관용적이지 못하다. 예수님을 유일한 구원자로 믿는 것은 페르시아의 경멸을 부른다.

우리는 스웨터를 벗어던지고 싶은 유혹에 빠지곤 하지 않는가? 그런 때에 하나님의 메시지는 분명하다. 바로 우리의 이름을 기억하라는 것이다. "아버지께서 우리에게 얼마나 큰 사랑을 베푸셨는지를 생각해 보십시오. 하나님께서 우리를 자기의 자녀라 일컬어 주셨으니 우리는 하나님의 자녀입니다. 세상이 우리를 알지 못하는 까닭은 하나님을 알지 못하기 때문입니다."(요일 3:1, 새번역 성경)

자녀를 캠프나 학교, 대학에 보내본 부모라면 작별의 순간이 두려워 입술이 바짝바짝 마르는 심정을 안다. 무슨 말을 해야 할지 몰라 미칠 것 같은 마음을 안다. 무슨 말을 해줄 수 있을까? 아이를 떠나보내기에 앞서 어떤 지혜로운 말을 들려줄 수 있을까? 많은 말이 있겠지만, 그 대부분은 아마도 이런 내용일 것이다. "얘야, 사랑한다. 이것을 잊지 마렴. 그리고 네가 누구인지 잊지 말거라. 너는 내 아들/딸이다!"

당신은 자신이 누구인지 아는가? 그리고 누구에게 속해 있는지 아는가?

이 세상에서 당신은 예수님의 현존이다. 영원한 본향으로 돌아갈 영원한 존재다. 여드름투성이에 비쩍 말랐어도 상관없다. 당신은 천국 시민이다. 모든 창조물 중에 유일무이한 존재고, 영원히 그리스도께 속한 자다. 마귀는 당신에게 손댈 수 없다. 귀신은 당신을 어찌할 수 없다. 세상은 당신을 사로잡을 수 없다. 사람들이 당신을 어떻게 생각하는지는 조금도 중요하지 않다. 당신은 하늘 아버지께 속해 있다.

몇 주 전에 나는 예기치 않게 나의 정체성을 되새기게 되었다. 아내와 나는 고향에 있는 내 부모님의 묘소를 찾았다. 꼭 10년 만이었다. 부모님의 무덤은 찾기 쉬웠다. 버지니아참나무가 있는 유일한 무덤이었기 때문이다. 그곳 공원묘지에는 나무가 많았지만, 버지니아참나무는 단 한 그루뿐이었다. 아버지가 왜 이 나무를 그토록 좋아하셨는지는 설명할 길이 없다. 버지니아참나무는 옹이가 많아 울퉁불퉁한 데다 가지가 사방으로 뻗어서 그리 아름답다고 할 수 없으니까. 하지만 어떤 이유에서인지 아버지는 버지니아참나무를 매우 좋아하셔서 본인의 무덤으로 정해놓은 장소에 이 나무를 심으셨다. 당시 아버지는 루게릭병 진단을 받으시고 신변 정리를 하던 중이었다.

아버지는 나를 데리고 가서 그 나무를 보여주었다. 그것은 아주 어린 나무였다. 너무나 작아서 한 손으로 감싸면 엄지와 검지가 맞닿을 정도였다. 그것이 35년 전의 일이다. 오늘날 그 나무는 성인 남성의 상체만큼 굵어졌고, 가지는 무덤 위로 길게 뻗어 있다. 그러나 나를 감동시킨 것은 나무의 크기가 아니라 아버지가 나무에 새겨둔 무엇인가였다.

그것은 하트 모양으로, 전에는 보이지 않았던 것이다. 아버지는 나무에 하트를 새기고 그 모양대로 나무껍질을 긁어냈는데, 나무가 자라면서 하트 모양이 선명하게 드러났다. 하트 한가운데는 우리 형제들의 이니셜이 있었다. 나무가 작을 때는 하트 모양도 작았지만, 나무가 자라면서 하트 안의 메시지가 드러났다. 나는 아버지가 깜짝 선물로 그 메시지를 남겼다고 생각한다. 아버지는 우리에게 자신의 사랑을 상기시켜줄 무언가가 필요함을 알고서 그걸 나무에 새긴 것이다.

당신의 하늘 아버지도 똑같이 하셨다. 버지니아참나무가 아니라 십자가로. 나무에 새긴 하트가 아니라 그리스도의 붉은 피로. 많은 세월이 흘렀지만 십자가의 하트, 십자가의 메시지는 시간이 지날수록 더 크게 다가온다.

중학생 시절의 맥스에게 하나님은 말씀하신다. "갈보리 산 위의 십자가에 달린 예수를 보아라. 네가 누구인지 알려주마. 너는 그리스도가 한 일을 통해 특별해졌단다."

나처럼 당신도 스웨터를 감추고 싶었던 때가 있었고 또 있을 것이다. 그런 때 당신이 누구인지 기억하라.

그리고 모르드개와 에스더의 이야기가 2장에서 끝나지 않는다는 것도 기억하라. 우리의 두 주인공은 자신들이 누구인지를 떠올리고 버려진 스웨터를 다시 입을 것이다. 그들을 동역자로 부르시는 하나님의 초대를 받아들일 것이고, 하나님은 기쁜 마음으로 그들에게 두 번째 기회를 주실 것이다.

나도 그들처럼 했다고 말할 수 있었으면 좋겠다. 하지만 나는 그러지 못했다. 그날 나는 반소매 셔츠를 입고 추위에 덜덜 떨었다. 때때로 우리는 겨울의 한가운데에 있다. 하나님 때문이 아니라 우리의 어리석음 때문에.

이제 추위에서 벗어날 때가 되지 않았는가?

묵상을 위한 질문

1. 저자는 로마서 12장 2절에서 말하는 것과 같은 변화가 아니라 순응을 택한 중학생 시절의 이야기를 들려준다.

    - 당신은 청소년기에 당신의 참모습을 감추기 위해 주변 분위기와 상황에 순응한 적이 있는가?
    - 만약 그렇다면, 그때의 경험을 이야기해보라. 그런 일이 있고 나서 어떤 기분이 들었는가?

2. 순응하고자 하는 유혹은 청소년기에서 끝나지 않는다. 우리는 성인이 된 후에도 주변 상황이나 다른 사람들의 뜻에 맞춰주려 한다.

    - 당신은 성인이 된 이후에도 순응한 적이 있는가?
    - 만약 그렇다면, 그 이유는 무엇인가?
    - 당신은 자신의 어떤 면을 감추고 있으며 또 그런 면을 부끄러워하는 이유는 무엇인가?

3. 에스더 이야기에서 순응한 사람은 누구인가?

    - 이것을 알게 되어 거북한가?(59쪽) 자세히 이야기해보라.
    - 성경은 왜 시류에 순응하고, 하나님으로부터 달아나고, 형제를 죽이고, 간음을 하는 등 잘못을 범하는 사람들로 가득할까?

4. 모르드개가 페르시아 문화에 순응한 것과 관련하여 특히 눈에 띄는 점은 무엇인가?

- 그는 어디서 살았는가?
- 그는 어디서 일했는가?
- '모르드개'라는 이름은 무엇을 의미하는가?
- 모르드개의 삶은 이민족과 섞이지 않도록 부름받은 히브리 민족의 삶과 완전히 달랐다. 그가 왜 그렇게 살았다고 생각하는가?

5. 당신은 모르드개에게 공감할 수 있는가?

- 당신은 가정이나 직장에서 순응한 적이 있는가? 어떤 식으로 순응했는가?
- 당신은 주변 환경에 적응하기 위해서나 다른 사람들과 어울리기 위해 이름을 바꾼 적이 있는가?
- 만약 그렇다면, 그때 어떤 기분이 들었는가?
- 이 같은 경험은 당신이 스스로에 대해 느끼는 방식에 어떤 영향을 미쳤는가?
- 이는 당신의 믿음에 어떤 영향을 미쳤는가?

6. 에스더가 아하수에로 왕의 호의를 얻기 위해 견뎌야 했던 것은 매우 굴욕적이었다. 저자가 말한 것처럼 "이들에게는 왕을 사랑할 것이 요구되지 않았다. 그저 왕을 즐겁게 해주기만 하면 되었다."(61쪽)

- 아름다운 처녀들을 불러 모은 이야기는 아하수에로의 성격에 대해 무엇을 말해 주는가?

- 이것은 그 당시 페르시아 문화에 대해 무엇을 말해주는가?
- 모르드개와 에스더가 왜 이런 굴욕적인 일을 감내했다고 생각하는가?
- 에스더는 아하수에로와 함께하는 시간에 대해 어떻게 느꼈을까?

7. 모르드개와 에스더는 그들이 유대인임을 숨겼다.

- 당신은 당신이 어떤 사람인지 숨긴 적이 있는가? 만약 그렇다면, 그때의 경험을 이야기해보라.
- 당신은 왜 자동반사적으로 당신의 참모습을 숨기게 되었을까?
- 그 결과는 어떠했는가?

8. 저자는 모르드개가 그의 사촌을 아하수에로에게 보낸 이유를 설명한다.

- 당신이라면 어떻게 설명하겠는가?
- 당신도 모르드개와 같은 처지였다면 똑같이 행동했을까? 똑같이 행동했을 것 같다면 그 이유는 무엇이고, 그러지 않았을 것 같다면 그 이유는 무엇인가?

9. "서구 문화의 부인할 수 없는 가치는 관용이다. 그러나 아이러니하게도 관용의 챔피언들이 유일한 구원자와 인간 문제의 유일한 해결책을 믿는 기독교에는 관용적이지 못하다. 예수님을 유일한 구원자로 믿는 것은 페르시아의 경멸을 부른다."(68쪽)

- 이 말은 당신이 속한 곳, 즉 당신이 속한 사회나 종교, 친구들에게도 해당되는가? 만약 그렇다면 그 이유는 무엇이고, 아니라면 그 이유는 무엇인가?
- 당신은 그리스도인이라는 이유로 다른 사람들로부터 미움을 산 적이 있는가? 혹은 다른 곳에서 이 같은 상황을 목격한 적이 있는가? 만약 그렇다면, 그 일은 당신으로 하여금 저자가 이 장의 서두에서 말한 것처럼 "스웨터를 벗고" 믿음을

부인하고 싶게 만들었는가?

10. 많은 복음적인 그리스도인에게 '관용'이라는 단어는 부정적인 함의를 띤다.

- 오늘날 그리스도인으로서 세상에 관용을 표현할 긍정적인 방식이 있을까?
- 만약 그렇다면, 그것은 어떤 모습일까?
- 당신은 주변 사람들이 어떤 식으로 당신의 종교에 관용적이기를 바라는가? 당신이 동의하지 않는 그들의 종교나 문화, 사고방식에 당신은 어떻게 관용적이 될 수 있을까?

11. 이 장 말미의 나무 이야기를 다시 읽으라.

- 나무에 새겨진 하트 모양은 저자에게 무엇을 의미하는가?
- 이것은 어떻게 우리 자신의 정체성을 나타내는 비유가 되는가?
- 이것은 어떻게 우리에 대한 하나님의 사랑을 나타내는 비유가 되는가?

12. 요한일서 3장 1절에는 다음 말씀이 나온다. "아버지께서 우리에게 얼마나 큰 사랑을 베푸셨는지를 생각해 보십시오. 하나님께서 우리를 자기의 자녀라 일컬어 주셨으니 우리는 하나님의 자녀입니다. 세상이 우리를 알지 못하는 까닭은 하나님을 알지 못하기 때문입니다."(새번역 성경)

- 당신은 스스로에 대해 이렇게 믿는가?
- 올바른 답을 말하기는 쉽다. 하지만 당신이 스스로에 대해 정말로 믿는 것은 어떤 것인가?
- 오늘날 하나님은 이 같은 믿음 안에서 어떻게 당신을 만나주실 수 있을까? 당신은 이것에 대해 하나님께 어떻게 말씀드릴 수 있을까?

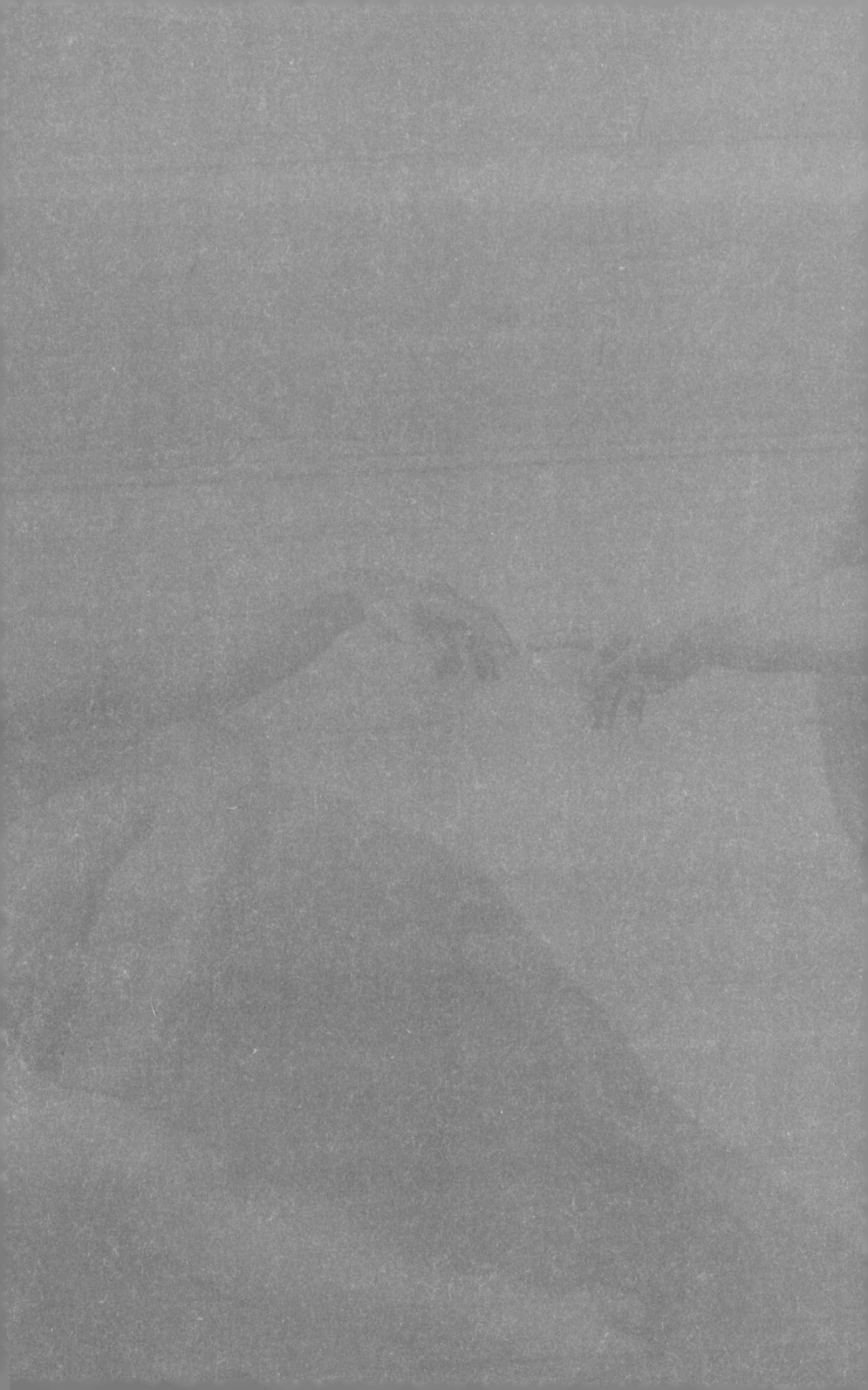

2막

위기

적대적인 사람들 속에서의 용기

그날 아침은 여느 날과 같이 시작되었다. 모르드개는 세수를 한 후 무화과와 석류로 아침 식사를 했다. 그러고는 몇 년 동안 모아온 옷가지 중 하나를 골라 입고 가까운 거리에 있는 성문으로 향했다.

햇살이 따스했다. 상인들은 장사 준비를 하느라 분주했다. 개들이 짖어대고 동네 아이들이 나와 놀았다. 모르드개는 당나귀의 등을 두드려준 뒤 노점상의 바구니에서 호두 한 줌을 집어들고 상인에게 동전을 던져주었다. 아는 사람들과 인사를 나누고 있자니 사회 지도층 인사들이 도착하는 게 보였다. 그들은 매일같이 왔다. 모두가 아하수에로 왕의 축복과 돈과 호의와 협력을 얻고자 왕을 만나고 싶어 했다. 모르드개와 그의 동료들은 성문을 출입하는 사람들을 맞이하고 수상한 데는 없는지 살피는 일을 했다.

모르드개가 성문 가까이에 이르렀을 때 누군가 그의 이름을 불렀다.

"모르드개!"

궁녀 담당 내시인 헤개였다.

"일찍 나왔구먼, 친구! 누군가 공짜 음식이라도 준다든가?"

모르드개가 대답했다. 그는 미소를 기대했지만 헤개는 미소 짓지 않았다.

헤개가 다급하게 말했다.

"이제 곧 그가 나온다네. 어서 몸을 피하게."

모르드개는 헤개를 바라보며 고개를 끄덕였다. 하만은 무슨 일이 있어도 피해야 했다. 왕이 하만을 총리로 임명한 후 도성 안의 사람들은 모두 불안에 떨었다. 하만은 누구에게나 으르렁거렸다. 호통을 치듯 명령을 내리고 복종을 요구했다. 왕은 모든 사람이 하만 앞에서 절을 하도록 명했지만, 모르드개와 헤개는 그 명령이 왕의 머릿속에서 나온 것이 아님을 알고 있었다.

두 사람은 급히 그늘진 곳을 찾았다. 이제까지는 용케 하만의 행렬을 피할 수 있었다. 그러나 이번에는 아니었다.

"길을 비키시오! 총리님께 경의를 표하시오!"

한 병사가 외쳤다.

헤게는 속으로 욕을 했다. '우리도 늙었군. 다음번엔 좀 더 빨리 움직여야겠어.' 그는 땅에 엎드린 후 친구에게도 똑같이 하라고 속삭였지만, 모르드개는 무릎을 꿇지 않았다. 헤개는 재빨리 성문 쪽을 바라보았다. 성문이 열리고 말 탄 사람들이 나왔다. 이제 곧 하만이 모습을 드러낼 터였다. 그런데 모르드개는? 그는 여전히 서 있었다.

"모르드개! 어서 엎드리게!"

헤개가 속삭였다.

모르드개는 못 들은 체했다. 그의 눈은 분노와 결의에 차 있었다. 하만의 모습이 그의 안에 억눌려 있던 분노를 촉발했다.

"이보시오! 총리님 앞에서 무릎을 꿇으시오!"

병사가 말했다.

모르드개가 노려보았다. 하만이 멈춰 섰다. 그리고 두 사람의 눈길이 마주쳤다.

You Were Made for
This Moment

4장

절하기를 거부하다

2015년 2월, 테러리스트 집단인 ISIS는 리비아의 한 해변에서 스물한 명의 그리스도인을 참수했다. 참수 장면이 담긴 비디오에는 사람들이 예수님을 부르며 기도하는 모습이 나온다. 그들 대부분은 가족을 부양하기 위해 이국땅에 일하러 온 이집트인 이주 노동자였다.

ISIS는 세상을 공포와 충격에 빠뜨리기 위해 사람들을 살해했다. 그러나 죽은 사람들의 가족들은 완전히 다른 메시지를 전했다. 스물한 살 난 한 희생자의 어머니는 이렇게 말했다. "아들이 자랑스럽습니다. 그 아이는 죽는 순간까지 개종하지 않았어요. 하나님께 감사드립니다. … 하나님이 그 아이를 돌봐주실 거예요."[1]

열세 명의 희생자가 나온 교회의 목사는 회중에 대해 이렇게 말했다. "온 회중이 교회에 나와 그들의 무사 귀환을 위해 기도했습니다. 하지만 나중에는 만약 그들이 죽게 된다면 믿음을 지키기 위해 죽게 되기를 구했고, 그대로 이루어졌습니다. 회중은 심리적으로나 영적으로 성장하고 있습니다."2)

그들은 살 수도 있었다. 알라에 대한 믿음을 고백하기만 하면 목숨을 구할 수도 있었다.

당신이라면 어떻게 하겠는가?

괜히 하는 질문이 아니다. 당신은 테러를 당하지 않을 수는 있다. 하지만 비난과 비웃음을 당하고 있지는 않은가? 가족들이 당신의 믿음을 비웃거나, 교수들이 당신의 신앙을 웃음거리로 만들거나, 동료들이 당신의 신념에 대해 뒤에서 수군대거나 하지는 않는가? 가끔 완전히 혼자라고 느끼지는 않는가?

모르드개가 그랬다.

에스더가 왕비가 된 지 5년이 지났다(에 2:16-17; 3:7). 삶은 그녀와 모르드개에게 친절했다. 그녀는 호화로운 생활을 했고, 모르드개는 궁에서 일했다. 두 사람은 계속해서 자신들이 유대인임을 비밀로 했다. 다른 사람들이 아는 한 그들은 순수한 페르시아인이었다. 모든 게 만족스럽게 흘러가던 어느 날, 모르드개가 어떤 음모를 엿듣게 되었다.

모르드개가 대궐 문에 앉았을 때에 문을 지키던 왕의 내시 빅단과 데레스 두 사람이 원한을 품고 아하수에로 왕을 암살하려는 음모를 꾸미는 것을 모르드개가 알고 왕후 에스더에게 알리니 에스더가 모르드개의 이름으로 왕에게 아뢴지라 조사하여 실증을 얻었으므로 두 사람을 나무에 달고 그 일을 왕 앞에서 궁중 일기에 기록하니라(에 2:21-23).

아하수에로에 대한 암살 기도가 있었던 것이다. 모르드개가 이를 알아차리고 에스더에게 알림으로써 암살을 계획한 두 사람은 교수형에 처해졌다.

그리고… 그게 전부다. 더 이상의 자세한 내용은 나오지 않는다. 모르드개가 공을 인정받았다는 이야기도 없고, 사건에 대한 설명도 없다. 이 책의 편집자들은 원고의 이 부분에 붉은색 펜으로 이런 질문을 적어서 내게 돌려보낼 것이다. "왜 이 이야기를 삽입한 거지요?" "이들은 누구인가요?" "그다음에 어떻게 되었죠?"

가능한 답을 다음 장 1절에서 찾아볼 수 있다. "그 후에 아하수에로 왕이 아각 사람 함므다다의 아들 하만의 지위를 높이 올려 함께 있는 모든 대신 위에 두니"(에 3:1).

아하수에로는 다시 한번 체면을 구겼다. 전에 첫 번째 아내가 그의 청을 거절하더니 이번에는 신하들이 그를 죽이려고 음모를 꾸몄다. 그는 세상에서 가장 큰 제국의 군주이지만 자기 진영 안에서 살해당할 뻔한 것이다. 무언가 조치를 취해야 했다! 그리하여 아하수에로는 고압적이고 무자비한 "아각 사람 함므다다의 아들 하만"을 총리에 임

명했다.

1절에 나오는 이 특이한 이름을 그냥 지나치지 말라. 하만은 아각 사람 함므다다의 아들이다. 아각 사람이란 아말렉족의 왕이었던 아각의 후손을 가리킨다. 아말렉족은 히브리 민족의 가장 오래된 적이었다. 이스라엘의 자손은 이집트의 노예 상태에서 벗어나자마자 아말렉의 습격을 받았다. "그 때에 아말렉이 와서 이스라엘과 르비딤에서 싸우니라"(출 17:8).

아말렉의 분노가 왜 이제 막 노예 상태에서 벗어난 사람들에게로 향했을까? 모세 일행에게는 땅이 없었다. 영토가 없었다. 그들은 아말렉을 화나게 할 아무런 행동도 하지 않았다. 그런데 왜 아말렉은 히브리인들을 공격했을까?

그리고 왜 그토록 잔인하게 굴었을까? 모세는 그들의 야만성을 떠올리며 이스라엘 민족에게 말했다. "너희는 애굽에서 나오는 길에 아말렉이 네게 행한 일을 기억하라 곧 그들이 너를 길에서 만나 네가 피곤할 때에 네 뒤에 떨어진 약한 자들을 쳤고 하나님을 두려워하지 아니하였느니라 … 너는 천하에서 아말렉에 대한 기억을 지워버리라 너는 잊지 말지니라"(신 25:17-19).

아말렉은 노인과 병자, 과부, 장애인 등 약자를 죽였다. 그들에게는 정면에서 공격할 용기가 없었다. 모세는 그 악한 자들이 사탄의 도구임을 알았다. 루시퍼는 유대인을 증오했다. 그는 하나님의 계획이 예수님을 통해 세상을 구원하려는 것임을 알고 사전에 유대 민족을 말살하기로 작정했다. 하나님은 광야에서 아말렉을 패퇴시키신 후 "내가 아말렉을 없이하여 천하에서 기억도 못 하게 하리라"고 약속하셨다. 그리고 모세는 "여호와께서 맹세하시기를 여호와가 아말렉과 더불어 대대로 싸우리라 하셨다"고 말했다(출 17:14-16).

하나님은 사울 왕에게 아말렉을 그들이 기르는 가축과 함께 진멸하라고 명하시기까지 했다. 그러나 사울은 아말렉의 왕과 가장 좋은 양을 살려두었다. 그 왕의 이름이 무엇인지 아는가? 바로 아각이다. 그러니까 하만은 유대인들에 대한 뿌리 깊은 적의를 지닌 민족의 후손이었던 것이다. 그의 피에는 히브리인들에 대한 증오가 흐르고 있었다.

한편 모르드개는 베냐민 지파에 속하는 사울의 후손이었다(에 2:5). 사울이 하나님의 명을 어기고 아각을 죽이지 않은 것은 베냐민 지파의 씻을 수 없는 오점이었다.

수사에서 모르드개와 하만이 만난 순간은 단순히 도성에서 두 사람이 만난 것 이상의 의미를 지닌다. 이는 천 년간 이어져 온 반목과 증오의 충돌이었다.

하만이 성문 앞에서 모르드개를 보았을 때 하만의 증오는 드라마를 연출할 준비가 되어 있었다. "대궐 문에 있는 왕의 모든 신하들이 다 왕의 명령대로 하만에게 꿇어 절하되 모르드개는 꿇지도 아니하고 절하지도 아니하니"(에 3:2).

누군가 이 장면을 화폭에 담았어야 했다. 배경에는 높이 솟은 성문이 있고, 그 앞에는 오만한 하만과 그의 수행원들이 자리하고 있다.

페르시아의 관료들이 땅에 엎드려 있고, 그 한가운데에 한 남자가 꼿꼿이 서 있다. 바로 모르드개다.

모르드개는 절하기를 거부했다.

그의 저항은 다음 날까지 이어졌다. 동료들이 "너는 어찌하여 왕의 명령을 거역하느냐"며 절하기를 권유했지만 소용없었다. 그리고 마침내 그들은 그 이유를 알게 되었다. "모르드개가 … 자기는 유다인임을 알렸"던 것이다(에 2:4).

그렇다, 정체가 드러났다. 가면이 벗겨졌다. 모르드개는 평생 자신이 유대인임을 숨겨왔고 에스더에게도 그렇게 하도록 해왔다. 두 사람은 말투나 외모, 언어, 행동이 너무나도 페르시아인 같았기에 에스더는 왕과 결혼할 수 있었고, 모르드개는 왕의 신하가 될 수 있었으며, 그들이 아브라함의 자손이라는 사실을 누구도 알지 못했다. 그러나 모르드개가 하만을 본 순간 모든 게 달라졌다. 모르드개는 하나님 백성의 적에게 고개를 숙이지 않을 작정이었다.

하만은 화가 머리끝까지 치솟았다. 에스더 3장 5-6절을 읽으면서 사탄의 냄새가 풍기지 않는지 보라.

하만이 모르드개가 무릎을 꿇지도 아니하고 절하지도 아니함을 보고 매우 노하더니 그들이 모르드개의 민족을 하만에게 알리므로 하만이 모르드개만 죽이는 것이 부족하다고 생각하고 아하수에로의 온 나라에 있는 유다인 곧 모르드개의 민족을 다 멸하고자 하더라.

모르드개를 비참하게 하는 것만으로는 충분하지 않았다. 머리를 조아리지 않는 유대인을 죽이는 것만으로는 성에 차지 않았다. 하만은 하나님의 백성을 멸절시키기로 했다.

참으로 후안무치한 인종차별이다. 하만은 단지 조상이 다르다는 이유로 자신이 전 인류보다 우월하다고 느꼈다. 마치 자신에게 사람 목숨을 가지고 도박할 권리가 있기라도 한 것처럼 하만은 '부르'라는 주사위를 던졌고, 그리하여 대학살의 날을 열한 달 뒤로 정했다. 그런 다음 왕 앞에 나아가 이렇게 말했다.

> 한 민족이 왕의 나라 각 지방 백성 중에 흩어져 거하는데 그 법률이 만민의 것과 달라서 왕의 법률을 지키지 아니하오니 용납하는 것이 왕에게 무익하니이다 왕이 옳게 여기시거든 조서를 내려 그들을 진멸하소서 내가 은 일만 달란트를 왕의 일을 맡은 자의 손에 맡겨 왕의 금고에 드리리이다(에 3:8-9).

하만은 유대인들을 진멸하기 위해[3] 기꺼이 2,000만 달러를 내고자 했다.[4] 이제 우리는 하만이 뼛속까지 악하고 아하수에로가 줏대 없는 위인이라는 것을 안다. 하지만 그렇다고 해도 이토록 태연하게 인종청소를 계획하는 것을 듣고 있기란 여전히 고통스러운 일이다.

> 왕이 … 이르되 그 은을 네게 주고 그 백성도 그리하노니 너의 소견에

좋을 대로 행하라 하더라 첫째 달 십삼일에 왕의 서기관이 소집되어 하만의 명령을 따라 왕의 대신과 각 지방의 관리와 각 민족의 관원에게 아하수에로 왕의 이름으로 조서를 쓰되 곧 각 지방의 문자와 각 민족의 언어로 쓰고 왕의 반지로 인치니라 … 역졸이 왕의 명령을 받들어 급히 나가매 그 조서가 도성 수산에도 반포되니 왕은 하만과 함께 앉아 마시되 수산 성은 어지럽더라(에 3:10-12, 15).

왕과 그의 오른팔은 유대인 대학살을 공표하고도 칵테일을 즐길 만큼 인명을 경시하고 유대인을 멸시했다.

혼란에 빠진 것은 유대인만이 아니었음에 주목하라. 도성 안의 모든 사람이 불안에 떨었다. 하만의 다음 목표가 자신들이 될 수도 있음을 알았기 때문이다. 하만이 가게 주인이나 농부, 왼손잡이 등에 대해 편견이 있다면 어찌할 것인가? 보안관이 아무런 의욕이 없고 부관이 전횡을 일삼는다면 무슨 일이든 일어날 수 있는 법이다.

하만은 각 지방에 전령을 보내 명령과 제안을 전달했다. 어떤 명령이었는가? 유대인을 모두 죽이라는 명령이었다. 어떤 제안이었는가? 유대인의 재산을 모두 약탈해도 좋다는 제안이었다. 주사위를 던져서 정한 날까지는 아직 열한 달이 남아 있었다. '유대인들이 불안과 공포 속에서 살아가게 하자'고 하만은 생각했을 것이다. 그러나 그가 알지 못한 것이 하나 있었으니, 그것은 바로 "제비는 사람이 뽑으나 모든 일을 작정하기는 여호와께 있"다는 사실이다(잠 16:33).

날짜는 우연히 정해진 게 아니다. 그것은 하나님이 정하신 것이었다. 에스더 이야기에는 하나님이 언급되어 있지 않지만, 그분의 뜻이 드러나 있다. 날짜를 열한 달 뒤로 정하심으로써 자신의 계획을 펼쳐 보일 시간적 여유를 둔 분은 하나님이셨다. 모르드개에게 그의 뿌리와 정체성을 상기시켜준 분은 하나님이셨다. 의로운 일을 하도록 모르드개를 자극한 분은 하나님이셨다.

하나님은 당신에게도 의로운 일을 할 용기를 주실 것이다.

우리 잠시 솔직해지자. 당신은 지쳤고, 상처 입었으며, 염려스럽다. 사느라 지쳤고, 싸우다가 상처 입었고, 이 겨울이 끝나지 않을까 봐 염려스럽다. 모르드개와 에스더처럼 당신도 고향에서 멀리 떨어져 있다고 느낀다. 누군가가 정박해 있는 배의 밧줄을 끊어서 당신이 타고 있는 배가 떠내려간다. 페르시아는 역겨운 곳일 수 있다. 누구도 이것을 부인하지 않는다. 그러나 페르시아는 또한 잘못된 결정의 페트리 접시(실험실에서 사용하는 세균 배양용 접시-역주)가 될 수도 있다. 그러니 하만에게 절을 함으로써 상황을 더 악화시키지 말라.

믿음 없는 세상에서 믿음의 사람으로 살아가려면 용기와 저항이 필요하다. 당신은 페르시아의 전제군주 앞에 무릎 꿇을 일은 없을 것이다. ISIS의 박해를 당할 확률도 높지 않다. 그러나 믿음과 관련해서 적당히 타협하거나 불의 앞에서 침묵하고 싶은 유혹에 빠질 확률은 매우 높다. 당신에게도 모르드개의 순간이 다가올 것이다.

- 당신을 가르치는 교수는 그리스도인들을 웃음거리로 만드는 것으로 유명하다. 부활절을 며칠 앞두고 그는 기독교 신앙의 어리석음에 대해 열변을 토한 후 이렇게 말한다. "여기 있는 사람 중 정말로 예수가 부활했다고 믿는 사람은 아무도 없지요? 정말로 믿는 사람은 손을 들어보세요." 당신은 어떻게 반응할 것인가?

- 당신은 가족과 떨어져 지낸 지 한 달이 되었다. 해외 지사에 발령받은 것은 경력을 위해서는 좋은 일이지만 결혼생활에는 부정적인 영향을 미친다. 남편과의 전화 통화에서 왠지 모를 긴장감이 느껴진다. 그는 너무 멀리 있고, 당신은 외롭다. 그런데 가까운 곳에는 매력적이고 자상한 직장동료가 있다. 오늘 직장에서 그는 노골적으로 관심을 표했다. 그리고 다음과 같은 문자 메시지를 보내왔다. "집으로 찾아가도 될까요?" 당신은 어떻게 대답할 것인가?

- 당신은 친구들과 함께 볼링을 친 후 햄버거를 먹는 중이다. 그런데 친구 중 한 명이 아프리카계 미국인을 조롱하는 농담을 한다. 당신은 친구들이 인종차별주의자일 거라고는 생각해본 적이 없다. 하지만 친구들은 모두 이 무신경한 이야기에 박장대소한다. 당신은 그들과 함께 웃음을 터뜨릴 것인가?

- 당신은 회사 영업부에 새로 들어온 신입 사원이다. 일자리를 구하기가 쉽지 않은 까닭에 당신은 잘해보고 싶다. 팀원들이 당신을 환영하는 뜻에서 회식 자리를 마련했다. 식사를 하는 동안 당신은 그들이 경비를 부풀려서 보고하는 방식에 대해 이야기하는 것을 듣고 깜짝

놀랐다. 한 사람이 말한다. "들키지 않아요. 모든 사람이 다 그렇게 하고 있으니까요. 당신도 그렇게 할 거죠?" 모두가 당신의 대답을 기다리고 있다. 당신은 뭐라고 말할 것인가?

모르드개의 순간. 우리의 진실이 드러나는 순간이다. 다른 사람들이 절할 때 당신은 어떻게 하겠는가?

모르드개에게는 몇 가지 선택지가 있었다. 그는 겉으로는 절을 할지라도 속으로는 절을 하지 않겠다고 말할 수도 있었고, 다른 사람들이 하는 대로 따라 하면서 이를 정당화할 수도 있었다. 아니면 그가 한 것처럼 분명한 태도를 보일 수도 있었다.

당신도 모르드개처럼 분명한 태도를 보일 수 있겠는가?

저항은 중요하다.

순응하는 행동은 잊히고, 오랜 세월이 지나면 용기 있는 행동을 떠올리게 된다. 히틀러에게 경례하기를 거부한 사람의 그 유명한 사진을 생각해보라. 모르드개의 저항의 순간은 그림으로 남아 있지 않다. 그러나 아우구스트 란트메서(August Landmesser)의 팔짱 낀 모습은? 1936년 독일 함부르크에서 열린 나치당 전당대회에서 찍은 흑백 사진을 자세히 들여다보면 열성적인 당원들의 물결 속에 그의 모습이 보인다. 당시 해군 함정의 진수식이 있어서 히틀러도 그 자리해 참석해 있었다. 수백 명의 사람이 그를 향해 팔을 들어올렸으며, 모두가 "지크 하일!"(Sieg Heil, '승리 만세'의 의미로 나치 시대에 주로 쓰이던 경례법-역주)이라고 외쳤다.

그러나 한 사람만은 예외였다. 26세의 란트메서는 경례하기를 거부한 유일한 독일인 노동자였다.

그가 늘 나치에 반대했던 것은 아니다. 초기에 그는 나치 당원이었고 2년간 그 어떤 불충한 언행도 보이지 않았다. 그러던 1933년, 이르마 에클러(Irma Eckler)를 만났다. 그들의 러브스토리에는 한 가지 문제가 있었는데, 에클러가 유대인이라는 점이었다. 나치는 란트메서를 당에서 제명하고 그의 결혼을 인정하지 않았다.

1935년 말, 두 사람에게 아기가 태어났다. 1936년 그 사진이 찍혔을 무렵에는 히틀러의 반유대주의가 널리 알려져 있었다. 란트메서가 히틀러에게 경례하기를 거부한 것이 놀라운가? 그는 유대인 여자와 사랑에 빠졌고, 그녀와 결혼할 권리와 유대인의 피가 섞인 딸의 아버지가 될 권리를 거부당했다.

1937년, 두 사람은 독일을 떠나 덴마크로 도피하고자 했으나 실패했다. 란트메서는 독일 민족에 불명예를 안겼다는 이유로 국경에서 억류되었다. 당국에서는 에클러를 만나지 말라고 명했지만, 란트메서는 이를 거부했다. 두 사람은 1938년에 체포되었다. 란트메서는 강제수용소로 보내졌고, 에클러는 감옥으로 보내져 그곳에서 둘째 딸을 낳았다.

그들은 다시는 만나지 못했다. 에클러는 1942년에 사망했다. 란트메서는 1944년에 군대에 끌려갔으며, 전쟁터로 보내진 후 곧바로 실

종되었다.[5]

 이 일련의 일은 그럴 만한 가치가 있었을까? 우리가 그의 이야기를 하고 있다는 사실 자체가 부분적으로 이 질문에 대한 답을 제공한다. 다른 많은 사람이 경례를 하는 상황에서 선뜻 용기를 낼 수 있는 사람은 없다. 하지만 자신의 신념에 따라 행동하는 사람을 보고 영감을 받지 않을 사람이 누가 있겠는가?

 란트메서는 팔짱을 꼈다.

 이집트인 그리스도인들은 믿음을 철회하지 않았다.

 모르드개는 절하기를 거부했다.

 그리고 당신은? 모르드개의 저항은 유대인들의 구원으로 이어지는 수많은 용기 있는 행동의 시작이었다. 당신의 결심은 튼튼한 요새를 부수는 결정적인 몸짓이 될 수 있다.

 위기의 순간에 어떻게 할 것인지 지금 정하라.

 때가 무르익기를 기다리지 말라. 위기 순간에는 계획할 시간이 없다. 모텔 방에서 애인의 품에 안겨 있을 때는 윤리와 도덕에 대해 마음을 정할 때가 아니다. 기말고사 날은 정직성에 대해 마음을 정할 때가 아니다. 항공기 승무원이 이륙하기 전에 비상구를 가리켜 보이는 이유가 있다. 추락하는 동안에는 명료한 사고가 불가능하기 때문이다. 유혹에 저항하기로 결심할 타이밍은 유혹이 다가오기 전이다.

 모르드개는 절하기를 거부했을 뿐만 아니라 어떤 상황에서도 절하지 않기로 결심했다. 이 구절(에 3:2, "But Mordecai would not kneel down or pay him honor." NIV)은 과거 시제가 아니라 미래 시제로 쓰였다. 미래 시제는 하만이 어떻게 나오든 모르드개의 결심이 변하지 않으리라는 것을 암시한다.[6] 이와 비슷하게 욥도 굳은 결심을 했다. "내가 내 눈과 약속하였나니 어찌 처녀에게 주목하랴"(욥 31:1). 그리고 다니엘은 "자기를 더럽히지 아니하리라"(단 1:8)고 뜻을 정했다.

위기의 순간에 어떻게 할 것인지 지금 정하라. 그리고 **당신이 하나님의 편에 서면 하나님이 당신과 함께하시리라**는 것을 기억하라.

모르드개의 시대로부터 150년쯤 전에 또 다른 세 명의 히브리인이 절하기를 거부했다. 바빌로니아의 느부갓네살 왕은 높이 90피트(약 27미터), 너비 9피트(약 2.7미터)의 금 신상을 만들고 모든 사람에게 그 앞에서 절하라고 명령했다(단 3:1).

> 선포하는 자가 크게 외쳐 이르되 백성들과 나라들과 각 언어로 말하는 자들아 왕이 너희 무리에게 명하시나니 너희는 나팔과 피리와 수금과 삼현금과 양금과 생황과 및 모든 악기 소리를 들을 때에 엎드리어 느부갓네살 왕이 세운 금 신상에게 절하라 누구든지 엎드려 절하지 아니하는 자는 즉시 맹렬히 타는 풀무불에 던져 넣으리라 하였더라(단 3:4-6).

재미있는 교세 확장 전략이 아닐 수 없다. 예배를 드리러 오지 않으면 마시멜로처럼 불에 굽겠다는 것이 아닌가. 모든 사람이 왕의 명령에 따랐지만, 세 사람의 유대인만은 예외였다. 왕은 다음과 같은 보고를 받았다.

이제 몇 유다 사람 사드락과 메삭과 아벳느고는 왕이 세워 바벨론 지방을 다스리게 하신 자이거늘 왕이여 이 사람들이 왕을 높이지 아니하며 왕의 신들을 섬기지 아니하며 왕이 세우신 금 신상에게 절하지 아니하나이다 느부갓네살 왕이 노하고 분하여 사드락과 메삭과 아벳느고를 끌어오라 말하매 드디어 그 사람들을 왕의 앞으로 끌어온지라 느부갓네살이 그들에게 물어 이르되 … 이제라도 너희가 준비하였다가 나팔과 피리와 수금과 삼현금과 양금과 생황과 및 모든 악기 소리를 들을 때 내가 만든 신상 앞에 엎드려 절하면 좋거니와 너희가 만일 절하지 아니하면 즉시 너희를 맹렬히 타는 풀무불 가운데에 던져 넣을 것이니 능히 너희를 내 손에서 건져낼 신이 누구이겠느냐 하니 사드락과 메삭과 아벳느고가 왕에게 대답하여 이르되 느부갓네살이여 우리가 이 일에 대하여 왕에게 대답할 필요가 없나이다 (단 3:12-13, 15-16).

타국으로 끌려간 유민들에게는 종종 이런 일이 일어난다. 당신이 얼마나 지혜롭고 유능하든, 얼마나 겸손하든, 얼마나 열심히 신앙생활을 하든, 얼마나 여러 번 무언가와 싸우기를 거부하든 당신의 믿음이 불의 시련을 받는 때가 온다. 당신은 잘못된 무언가를 하도록 요구받을 것이다.

사드락과 메삭과 아벳느고는 흔들리지 않았다.

느부갓네살은 화가 나서 풀무불을 평소보다 일곱 배 더 뜨겁게 하라고 명령했다. 열기가 너무 세서, 세 히브리인을 결박한 병사가 타 죽었다. 병적인 호기심에 사로잡혀 풀무불 근처에 앉아 있던 느부갓네살은 그가 기대했던 것과는 완전히 다른 무언가를 보게 되었다.

그 때에 느부갓네살 왕이 놀라 급히 일어나서 모사들에게 물어 이르되 우리가 결박하여 불 가운데에 던진 자는 세 사람이 아니었느냐 하니 그들이 왕에게 대답하여 이르되 왕이여 옳소이다 하더라 왕이 또 말하여 이르되 내가 보니 결박되지 아니한 네 사람이 불 가운데로 다니는데 상하지도 아니하였고 그 넷째의 모양은 신들의 아들과 같도다(단 3:24-25).

세 사람은 불에 타지도 않았을 뿐만 아니라 신적인 형상을 한 네 번째 인물이 함께 있었다! 그가 신의 아들이었을까? 확실히 그런 것 같다. 예수님이 그분의 편에 선 사람들과 함께하신 것이다.

세 히브리인은 불 속으로 들어갈 때보다 더 강한 인상을 남기며 불에서 나왔다. 느부갓네살은 전에는 그들의 믿음에 관심이 없었지만, 이제 "불이 능히 그들의 몸을 해하지 못하였고 머리털도 그을리지 아니하였고 겉옷 빛도 변하지 아니하였고 불 탄 냄새도 없는" 것을 보고 "사드락과 메삭과 아벳느고의 하나님을 찬송할지로다"라고 말했다(단 3:27-28).

마귀의 시도는 실패했다. 그때도 그랬고 지금도 마찬가지다.

2015년에 리비아에서 순교한 사람들의 이야기를 생각해보라. 그들 중 한 명은 그리스도인이 아니었다. 다른 사람들과 달리 그는 이집트인이 아니라 가나 사람이었으며, 주위 사람들의 믿음을 보고 그리스도를 믿게 되었다. 마지막 순간에 기독교를 거부하고 목숨을 구할지 아니면 복음을 선포하고 죽을지 선택하라고 하자 그는 "이들의 하나님이 나의 하나님입니다"라고 말했다.[7]

용기는 전염된다. 당신의 용기가 다른 사람들 안에 있는 용기를 일깨우기를 기도한다.

묵상을 위한 질문

1. 이 장에는 믿음을 지키려다가 ISIS에게 죽임을 당한 사람들의 비극적이지만 감동적인 이야기가 나온다.

   - 당신은 이 사건에 대해, 혹은 자신의 믿음을 지키기 위해 사람들이 죽은 다른 사건에 대해 들은 적이 있는가?
   - 그런 이야기를 들었을 때 당신의 반응은 어떠했는가? 마음속에 어떤 의문이 들었는가?
   - 그 이야기는 당신에게 어떤 영향을 미쳤는가?

2. 다음 구절에 대해 생각해보라. "당신은 테러를 당하지 않을 수는 있다. 하지만 비난과 비웃음을 당하고 있지는 않은가?"(82쪽)

   - 당신은 당신의 믿음을 비웃거나 비난하는 사람들을 만난 적이 있는가? 만약 그렇다면, 그들의 비난과 비웃음은 당신과 당신의 믿음에 어떤 영향을 미쳤는가?
   - 당신은 당신의 믿음을 비난하지 않는 우호적인 사회에서 자랐을 수도 있다. 하지만 당신의 가치관이나 문화적 전통 혹은 정체성과 관련된 그 밖의 중요한 부분에 대해 비난을 당한 적은 없는가? 만약 그런 적이 있다면, 어떤 부분에 대해 비난을 당했는가?
   - 이 같은 비난은 당신이 스스로에 대해 느끼는 방식에 어떤 영향을 미쳤는가?

3. 하만의 조상에게서 특히 눈에 띄는 점은 무엇인가?

- 당신은 인종차별이 대를 이어 전해질 수 있다고 믿는가? 만약 그렇다면, 그것은 당신이 사는 지역이나 다른 곳, 혹은 심지어 당신 안에서 어떻게 전개되는가?
- 대를 이어 전해지는 또 다른 죄가 있다면 어떤 것이 있을까?
- 핏줄이나 민족이 사람들로 하여금 조상의 죄를 되풀이하게 하는 이유가 무엇이라고 생각하는가?

4. 에스더서 3장 2절에는 이렇게 쓰여 있다. "대궐 문에 있는 왕의 모든 신하들이 다 왕의 명령대로 하만에게 꿇어 절하되 모르드개는 꿇지도 아니하고 절하지도 아니하니"

- 이 장면을 머릿속에 그려보라. 모르드개가 절하지 않는 것을 보고 사람들은 어떤 반응을 보였을까?
- 당신은 불순종처럼 보이지만 실은 당신의 가장 깊은 신념을 나타내는 행동을 하도록 마음이 움직인 적이 있는가? 자세히 이야기해보라.
- 모르드개의 행동은 어떤 파장을 몰고 왔는가?

5. 모르드개는 왜 그 순간 유대인이라는 자신의 정체성을 드러내기로 했을까?

- 당신에게도 이처럼 전환점이 된 순간, 더 이상은 거짓된 모습으로 살 수 없으며 이제는 진정한 자신으로 살아야 한다고 생각하게 된 순간이 있었는가? 그때의 경험을 이야기해보라.
- 우리의 정체성을 솔직하게 드러내는 것은 어떻게 우리에게 우리 자신과 다른 사람들, 그리고 우리가 믿는 것들을 옹호할 용기를 주는가?
- 우리의 참모습을 숨기는 것은 이 같은 행동을 어떻게 어렵게 만드는가?

6. 모르드개는 하만에게 절하기를 거부한 단 한 명의 유대인이었다. 그런데도 하만이 나라 안의 모든 유대인을 죽이기로 한 이유가 무엇이라고 생각하는가?

7. 역졸들을 통해 유대인을 전부 죽이라는 명령을 각 지방에 전한 후 하만과 아하수에로는 주연을 벌였다. 그 순간에 그들이 그토록 인명을 경시하는 모습을 보일 수 있었던 이유가 무엇이라고 생각하는가?

- 권력자의 위치에 있는 것은 우리로 하여금 어떻게 불의에 눈을 감게 하는가?
- 당신은 당신이 속한 민족이나 사회 계층 혹은 사회적 위치로 인해 못 본 체한 불의가 있는가? 만약 그렇다면, 그것은 어떤 종류의 불의였는가?
- 당신은 당신이 속한 민족이나 사회 계층 혹은 사회적 위치로 인해 못 본 체할 수 없었던 불의가 있는가? 만약 그렇다면, 그것은 어떤 종류의 불의였는가?

8. 이 장은 우리에게 "저항은 중요하다"(91쪽)는 것을 상기시켜준다.

- 당신은 저항을 어떻게 정의하고자 하는가?
- 당신은 이 같은 저항을 본 적이 있는가? 만약 그렇다면, 누군가가 저항하는 모습을 보면서 어떤 기분이 들었는가?
- 당신은 어떤 사람이나 기관, 혹은 무언가에 저항해본 적이 있는가? 만약 그렇다면, 그때의 경험은 어떠했는가?

9. 당신이 당신의 믿음을 옹호하고 불의에 항거할 기회는 그리 많지 않겠지만, 저자가 말한 것처럼 "믿음과 관련해서 적당히 타협하거나 불의 앞에서 침묵하고 싶은 유혹에 빠질 확률은 매우 높다."

- 당신은 불의 앞에서 침묵하고 싶은 유혹을 느낀 적이 있는가? 만약 그렇다면, 당신으로 하여금 침묵하게 만든 것은 무엇인가?
- 당신은 이런 유혹을 이겨내고 목소리를 낸 적이 있는가? 만약 그렇다면, 그때 어떤 기분이 들었으며, 그 결과는 어떠했는가?

10. 모르드개 외에도 히틀러에게 경례하기를 거부한 전 나치 당원이라든가 바빌로니아의 신상에 절하기를 거부한 사드락과 메삭, 아벳느고 등과 같이 자신의 신념을 지킨 사람들에 대해 생각해보라.

- 당신은 용기 있게 행동한 사람을 본 적이 있는가? 그 사람에 대해 말해보라. 그는 무엇을 했는가?
- 그의 용기가 당신에게 어떤 영감을 주었는가?
- 당신은 용기가 필요한 어떤 상황에 직면했는가?
- 당신이 용기 내어 말하기를 두려워하는 이유는 무엇인가? 무엇이 당신을 주저하게 만드는가?
- 오늘 시간을 정해놓고 하나님께 이에 대해 말씀드리라.

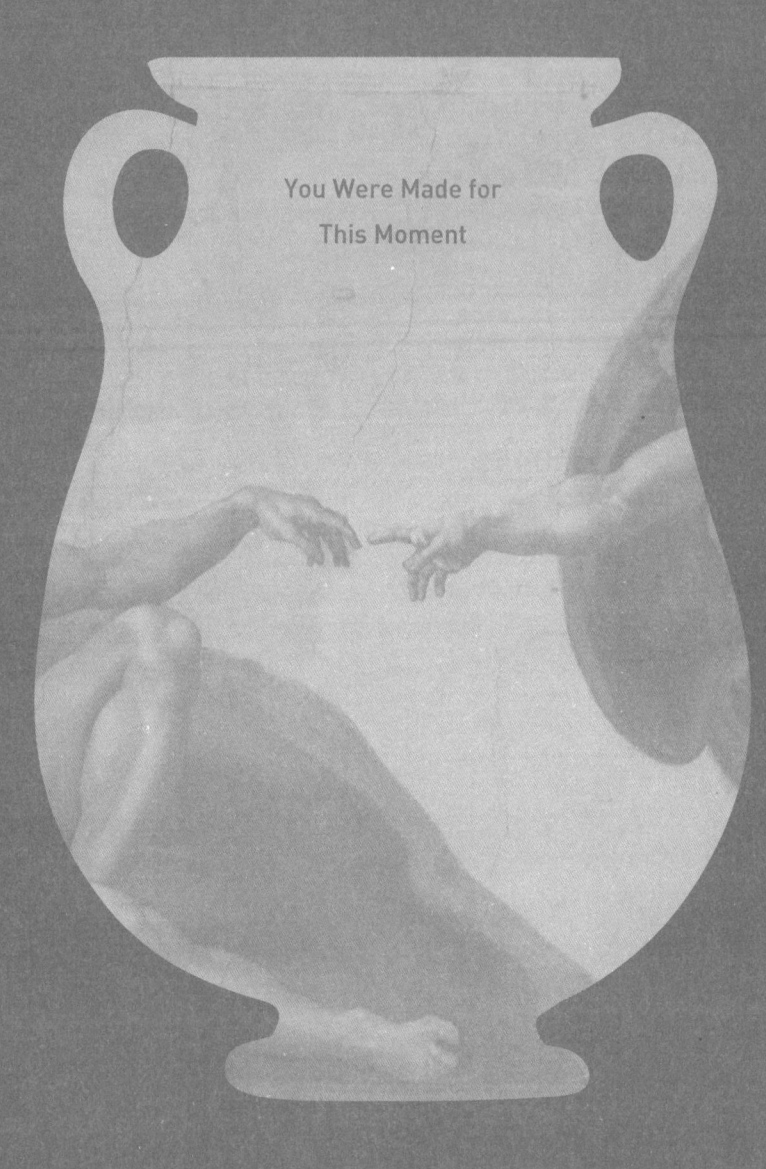

5장

구원은 성취될 것이다

구조 이야기에 관한 한 내 이야기는 그다지 흥미롭지 않다. 영화화 되지도 않을 것이고, 「내셔널 지오그래픽」이나 「리더스 다이제스트」에 실리지도 않을 것이다. 그러나 다른 사람들에게 가십거리도 안 되는 것이 허허벌판에서 추위와 싸워야 했던 우리 세 사람에게는 엄청난 뉴스거리였다.

우리는 성탄절 휴가 기간에 유전에서 일하며 용돈을 버는 대학생들이었다. 그날은 바람 소리가 스산하고 내복을 한 벌 더 껴입어야 할 만큼 추운 날이었다. 유전에서 일하는 사람들의 먹이사슬에서 아르바이트 대학생들은 연못에 낀 녹조와도 비슷한 위치에 있었다. 인부들은 빗자루와 삽조차 제대로 구분하지 못하는 단기 아르바이트생에게 깊은 인상을 받지 못했고, 그리하여 우리에게는 온갖 궂은일이 주어졌다.

그날의 궂은일은 문명의 흔적이 보이는 가장 가까운 곳에서 20마일(약 32킬로미터)가량 떨어진 곳에 도랑을 파는 일이었다. 공사 책임자가 우리를 차로 데려다주면서 오후 5시에 다시 데리러 오겠다고 말했다. 그 일대는 프라이팬처럼 평평했다. 매서운 바람이 뼛속까지 스며들었다. 우리는 털모자를 귀까지 눌러쓰고 재킷의 깃을 세우고는 일을 시작했다. 일이 끝날 때쯤에는 추위에 온몸이 굳었고 지칠 대로 지쳤다.

우리는 삽을 내려놓고 흙길을 내려다보았다. 어서 따뜻한 트럭 안에서 몸을 녹이며 집으로 가고 싶었다. 그러나 트럭은 오지 않았다. 5시 30분이 되었는데도 트럭은 보이지 않았다. 해가 져서 추위가 더 심해졌지만, 여전히 아무도 나타나지 않았다. 우리에게는 휴대전화나 GPS 시스템이 없었다. 내가 대학에 다니던 시절은 석기 시대와 별반 다를 바 없었던 것이다. 우리는 고립되었다.

그때의 기분을 아는가? 모르드개는 알았다.

이야기가 이 시점에 이르자 하만은 귀가 얇은 아하수에로 왕에게 유대인을 진멸하자고 설득했다. 주사위가 던져졌고, 그리하여 대학살의 날이 정해졌다. 유대인을 죽이라는 명령이 담긴 조서가 전국 방방곡곡에 전해졌다. 그 소식을 접한 모르드개는 모든 겉치레를 벗어던졌다.

모르드개가 이 모든 일을 알고 자기의 옷을 찢고 굵은 베 옷을 입고 재를 뒤집어쓰고 성중에 나가서 대성 통곡하며 대궐 문 앞까지 이르렀으니 굵은 베 옷을 입은 자는 대궐 문에 들어가지 못함이라(에 4:1-2).

유대인 학살을 예고하는 포고문에 관한 소식은 모르드개를 고뇌에 빠뜨렸다. 그는 베옷을 입고 재를 뒤집어썼다. 장례식 때나 입는 옷을 입고 그는 가슴을 치고 통곡하면서 수사의 거리를 돌아다녔다. 관리들이 그를 가로막으며 노려보았고, 가게 주인들이 그를 돌아보았다. 이 무슨 진귀한 구경거리란 말인가! 모르드개가 왕비에게 중요한 인물이자 왕의 신하로 알려져 있음을 기억하라. 그러나 모르드개는 개의치 않았다.

에스더는 그 소식을 듣고 기겁을 했다. 그녀는 모르드개에게 갈아입을 옷을 보내면서 그렇게 소란 피우는 것을 그만두라고 분명한 말로 일렀다. 그는 두 사람이 잘 쌓아놓은 모든 것을 위험에 빠뜨리고 있었다. 그들은 왕의 호의와 세간의 존경을 얻었다. 에스더는 포고문에 대해 모르고 있었던 듯한데, 이는 그녀가 일반 대중의 삶으로부터 얼마나 유리되어 있었는지를 말해준다.

그 후 두 사람 사이에 다급하게 전언이 오갔다. 모르드개는 에스더에게 포고문의 사본을 보내면서 남편인 왕 앞으로 나아갈 것을 촉구했다.

에스더는 그에게 왕비가 함부로 어전에 들어갈 수 없음을 상기시켰다. 왕이 부르지도 않았는데 들어갔다가는 자칫 목숨을 잃을 수도 있었다.

> 왕의 신하들과 왕의 각 지방 백성이 다 알거니와 남녀를 막론하고 부름을 받지 아니하고 안뜰에 들어가서 왕에게 나가면 오직 죽이는 법이요 왕이 그 자에게 금 규를 내밀어야 할 것이라 이제 내가 부름을 입어 왕에게 나가지 못한지가 이미 삼십 일이라(에 4:11).

에스더가 침묵해야 할 이유를 꼽아보는 장면이 머릿속에 그려지지 않는가?
'그건 법에 저촉돼.'
'왕이 나를 찾은 지 한 달이 넘었어.'
'왕은 기분이 좋지 않을 게 분명해.'
'아마도 나를 죽이려 하겠지. 와스디의 경우를 생각해봐.'
모르드개는 왕비가 주저하는 것을 보고 자기 생각을 전했다. 그의 전언에는 성경에 나오는 가장 심오한 통찰 일부가 담겨 있다. 그가 두 절로 한 말은 두 권의 책에 맞먹는 가치가 있다. 유대인 모르드개는 신학자 모르드개가 되었다. 그는 거룩하신 하나님의 마음을 마주한 사람의 마음을 드러내 보이는 선언을 했다. 당신은 이제 곧 용기를 촉구하는 가장 위대한 문장을 접하게 될 것이다.
다음을 읽고 마음이 움직이지 않는지 보라.

> 너는 왕궁에 있으니 모든 유다인 중에 홀로 목숨을 건지리라 생각하지 말라 이 때에 네가 만일 잠잠하여 말이 없으면 유다인은 다른 데로 말미암아 놓임과 구원을 얻으려니와 너와 네 아버지 집은 멸망하리라 네가 왕후의 자리를 얻은 것이 이 때를 위함이 아닌지 누가 알겠느냐(에 4:13-14).

어떻게 하면 인생의 매서운 바람을 견딜까? 구조조정의 칼바람이 불 때. 코로나19 팬데믹에 백신이 없을 때. 은행 계좌의 잔고가 바닥났을 때. 결혼생활에 기쁨이 없을 때. 자녀나 배우자의 죽음으로 매일 밤 울면서 잠이 들 때.

철저히 혼자인 것처럼 느껴지는 절망적인 상황일 때 모르드개의 말은 곱씹어볼 가치가 있지 않을까? 그는 두 가지의 예리한 통찰을 보여주었다.

하나는 **누구도 예외일 수 없다**는 것이다.

페르시아의 왕비일지라도 말이다. "너는 왕궁에 있으니 모든 유다인 중에 홀로 목숨을 건지리라 생각하지 말라." 에스더야, 네가 유대인 대학살에서 살아남으리라고는 단 한 순간도 생각지 말아라. 유대인이 구원을 얻으리라는 사실은 너와 네 집안이 무사하리라는 것을 보장해주지 않는다. 결국 너희 집안은 냉담함의 제단 위에서 희생될 것이다. 첫 번째 총알은 피할 수 있을지 모르지만, 탄창에는 다섯 발의 총알이 더 남아 있다. 고난은 우리 모두의 문을 두드린다.

"이런, 맥스! 이걸 좋은 소식이라고 이야기하는 건가요? 나는 당신이 이 힘든 시기를 헤쳐나가는 데 도움이 될 만한 이야기를 들려줄 줄 알았는데요?"

어쩌면 당신에게는 이런 이야기가 필요 없을지도 모르겠다. 그러나 누군가에게는 필요하다. 어떤 사람들은 그리스도인의 삶이란 노란 벽돌 길을 따라가다가 빨간 구두의 뒤축을 부딪치는 것만으로 캔자스의 집으로 돌아갈 수 있는 것이라고 믿는다. 그리하여 불가피하게 시련이 닥치면 그들은 시련뿐만 아니라 약속을 지키지 않으신 하나님에 대한 의문에 직면하게 된다. 그러나 이에 대해 하나님은 "나는 그런 약속을 한 적이 없다"라고 말씀하신다.

하나님은 "세상에서는 너희가 환난을"(요 16:33) 당할 것이라고 말씀하셨다. 당신은 때때로 "사형 선고를 받은"(고후 1:9) 것처럼 느낄 것이다. 당신은 "물 가운데로 지날" 것이고, "강을 건널" 것이며, "불 가운데로 지날" 것이다(사 43:2).

삶에는 시련이 따른다. 안 그런 척해봐야 아무런 도움이 되지 않는다. 시련을 당하는 데는 누구도 예외가 없지만, 그러나 어떤 식으로든 **구원은 성취될 것이다.**

텍사스의 드넓은 벌판에서 추위에 떨며 트럭을 기다리던 그날 밤, 우리에게 구원이 임했다. 걸어서 집에 가야 하나보다고 서로 이야기를 주고받던 그때 놀랍게도 헤드라이트 불빛이 보였다. 처음에는 위아래로 흔들리는 아주 작은 불빛이었다. 그러나 그 불빛을 본 순간 모든 게 달라졌다. 우리는 여전히 춥고 피곤했다. 트럭과의 거리는 아직

멀었고, 밤은 여전히 깜깜했다. 그러나 헤드라이트 불빛은 우리에게 희망을 주었다.

모르드개는 이와 비슷한 무언가를 보았다. 그의 눈앞에 흔들리는 헤드라이트 불빛이 나타난 것이다. 4장 서두에서 우리는 그가 재난을 예상하고 울면서 거리를 헤매다니는 것을 보았다. 그는 유대인을 진멸하라는 명령을 접하자 "옷을 찢고 굵은 베 옷을 입고 재를 뒤집어쓰고 성중에 나가서 대성 통곡"했다(에 4:1). 옷을 찢고 맨살을 노출하며 목이 터져라 소리 지르는 것, 이것은 난폭한 이미지다. 옷을 찢는 것은 내면에서 일어나는 일을 외부로 표출한 것이다. 모르드개의 내면은 갈기갈기 찢겼다. 확실히 그는 절망적이었다. 그러나 열세 구절 뒤에서 그는 태도를 일변하여 에스더에게 이렇게 말한다. "유다인은 다른 데로 말미암아 놓임과 구원을 얻으려니와"(에 1:14).

그에게 무슨 일이 일어난 것일까? 절망에 빠진 사람이 어떻게 이렇게 담대해진 것일까? 추측건대 하나님이 그 안에 억눌려 있던 믿음을 일깨워주신 게 아닌가 싶다. 모르드개는 어렸을 때 어머니의 무릎에서 모세와 백만 명의 히브리인이 어떻게 앞에는 바다가 가로막고 뒤에서는 성난 파라오가 쫓아오는 상황에 놓였는지, 한 양치기 소년이 어떻게 자기 키의 두 배나 되는 거구의 골리앗을 상대하게 되었는지, 다니엘이 어떻게 사자 굴에 들어가게 되었는지 들었을 것이다. 그 위기의 순간에 하나님이 말씀하셨고, 그러자 바다가 갈라지고 다윗이 일어나고 사자가 입을 다물었다!

모르드개의 머릿속에 아브라함과 이삭과 야곱의 하나님이 살아계시며 싸움에서 이기셨다는 생각이 서서히 떠올랐다. 유대인들은 예루살렘에서 멀리 떨어져 있었지만, 하나님에게서는 멀리 떨어져 있지 않았다. 모르드개는 언약의 관리인이라는 그의 역할에 소홀했을지 모르지만, 하나님은 언약을 지키는 이라는 그분의 역할을 잊지 않으셨다. 하나님의 마음은 여전히 시온에서 끌려온 자기 백성에게 있었다. 유대인들에게는 왕도 없고, 군대도 없고, 성전도 없고, 제사장도 없고, 제물도 없었다. 하지만 그런 것은 전혀 문제가 되지 않았다. 그들에게는 여전히 여호와 하나님이 계셨다. 하나님은 위협을 당하거나 당황한 적이 없으시다. 문제와 하나님의 관계는 모기와 허리케인의 관계와도 같다. 상대가 안 되는 것이다. 모르드개는 이것을 이해했다.

당신은 어떤가? 이것을 이해하는가? 당신은 앞서 인용한 성경 구절들의 뒷부분을 아는가?

> 세상에서는 너희가 환난을 당하나 담대하라 내가 세상을 이기었노라(요 16:33).

> 우리는 우리 자신이 사형 선고를 받은 줄 알았으니 이는 우리로 자기를 의지하지 말고 오직 죽은 자를 다시 살리시는 하나님만 의지하게 하심이라(고후 1:9).

그렇다, 인생길에는 물과 강과 불이 포함되어 있다. 그러나…

네가 물 가운데로 지날 때에 내가 너와 함께 할 것이라
강을 건널 때에 물이 너를 침몰하지 못할 것이며
네가 불 가운데로 지날 때에 타지도 아니할 것이요
불꽃이 너를 사르지도 못하리니(사 43:2).

당신의 하나님관에는 확실한 놓임과 극적인 구원이 포함되어 있는가? 이것은 결코 사소한 질문이 아니다. 사실 이것이야말로 정말 중요한 질문이다. 대다수 사람은 구원을 기대하지 않는다. 그들의 인생관은 셰익스피어의 비극처럼 읽힌다. '우리는 아름답지만 깨어진 세상에 살고 있다. 깨어진 세상은 아무리 애를 써도 복원이 불가능하다. 우리는 이 세상을 최대한 잘 활용하며 살다가 죽을 뿐이다.' 많은 사람에게 인생은 한마디로 이런 것이다. 따라서 우리가 절망과 자살로 특징지어지는 시대를 사는 것도 놀라운 일이 아니다.

이와 달리 하나님의 이야기는 황금빛 초장이다. 그것은 앞선 이야기와 똑같이 시작하지만, 훨씬 더 좋은 데서 끝난다. '우리는 아름답지만 깨어진 세상에 살고 있다. 그러나 창조주 하나님은 이 세상과 우리를 깨어질 운명으로 창조하지 않으셨다. 그분은 우리를 멋진 삶을 누릴 운명으로 창조하셨다. 우리에 대한 하나님의 의도는 선하시다. 그분은 우리를 너무도 사랑하셔서 우리 중 하나가 되셨다. 우리의 깨어

짐을 짊어지시되, 죽기까지 그렇게 하셨다. 그분의 죽으심으로 우리는 생명을, 영원한 생명을 얻었다. 그분은 죽은 자 가운데서 다시 살아나셔서 세상을 재창조하시고 우리 모두를 그 새로운 세상의 한 부분으로 초대하신다. 언젠가 그분은 세상을 애초에 의도되었던 대로 아름답게 복원하시고 그분의 가족들을 되찾으실 것이다. 그리고 우리는 영원히 그분과 함께 살 것이다.'

구원은 성취될 것이다. 바로 이것이 모르드개의 메시지였다.

그리고 그는 에스더에게 말했다. "네가 왕후의 자리를 얻은 것이 이때를 위함이 아닌지 누가 알겠느냐"(에 4:14).

에스더의 반응은 의미심장했다.

> 당신은 가서 수산에 있는 유다인을 다 모으고 나를 위하여 금식하되 밤낮 삼 일을 먹지도 말고 마시지도 마소서 나도 나의 시녀와 더불어 이렇게 금식한 후에 규례를 어기고 왕에게 나아가리니 죽으면 죽으리이다 (에 4:16).

이것은 주요 등장인물의 성격 발전에서 전환점이 되는 구절이다. 하닷사의 믿음이 왕비의 권위와 합쳐진다. 그녀는 모르드개에게 수사에 있는 유대인들을 모아 금식을 하도록 명한다(완곡하게 말하지 않고 명령한다). 그렇게 함으로써 그녀는 자기 백성의 도덕적 지도자 역할을 맡는다. 결의가 수동적인 태도를 대체한다. 그녀는 더 이상 아름답기만 한 왕비가 아니라 자기 백성을 이끌고 위기를 헤쳐나가기로 결심한 하나님의 사람이다.

대체 무슨 일이 있었던 것일까? 무엇이 에스더로 하여금 '나는 아무것도 할 수 없어'에서 '모든 것을 잃을 각오가 돼 있어'로 마음을 바꾸게 한 것일까? 무엇이 그녀로 하여금 '왕에게 나아가면 죽임을 당할 거야'에서 '죽으면 죽으리라'로 생각을 바꾸게 한 것일까?

그것은 아마도 모르드개의 직설적인 메시지였을 것이다. 그렇다, 이 세상은 혼란스럽다. 그렇다, 우리는 잔인한 하만의 희생자가 되었다. 그러나 구원은 성취될 것이다. "네가 왕후의 자리를 얻은 것이 이 때를 위함이 아닌지 누가 알겠느냐"(에 4:14). 모르드개는 창문을 열고 에스더의 세상에 신성한 빛을 흘려보냈다. "네가 이곳에 있는 데는 이유가 있다. 네가 왕비가 된 것은 계획의 일환이다. 너는 이유가 있어서 이곳에 있게 된 것이다" 하고 모르드개는 말했다.

친구여, 당신도 마찬가지다. 당신도 에스더처럼 이때를 위해 지음받았다. 물론 당신은 시련을 요청하지 않았다. 당신은 시련이 비켜 가길 원한다. 그리고 이 시련을 얼마나 더 견딜 수 있을지 알지 못한다.

그러나 이 일에 하나님이 계신다면 어찌할 것인가? 하나님이 당신을 이 시대에 그리고 이 행성에 있게 하지 않으셨는가? 그분은 당신이 태어난 날과 국적과 사는 지역을 정하셨다(행 17:26). 당신이 에스더처럼 수많은 사람을 구할 기회를 얻게 된다면 어찌할 것인가?

지금은 당신의 시간이다. 당신의 때다. 당신은 모르드개처럼 허리를 꼿꼿이 펴고 에스더처럼 목소리를 내도록 지음받았다.

구원은 성취될 것이다. 하나님은 승리하실 것이다. 그분은 자기 백성을 구원하실 것이다. 하나님은 이 세상의 잘못된 것들을 바로잡으실 것이다. 문제는 '하나님이 승리하실 것인가?'가 아니라 '당신이 팀의 일원이 될 것인가?'이다.

에스더가 계속해서 침묵했다면 그녀는 수천 명의 동족을 구원할 기회를 놓쳤을 것이다. 그리고 하나님은 다른 누군가를 통해 그분의 자녀들을 구원하셨을 것이다. 어쩌면 에스더는 이 시련이 그녀를 비켜가기를 바랐을 것이다. 모르드개의 입을 다물게 하려고 생각했을 수도 있다. 어쨌거나 그녀는 일국의 왕비가 아닌가. 그녀의 조상이 유대인이라는 사실은 여전히 비밀이었다. 확실히 그녀는 다른 유대인들과 거리를 두고자 하는 유혹에 빠질 수 있었다. 그러나 모르드개는 이를 강력하게 경고했다. 무언가를 하지 않으면 값비싼 대가를 치르게 될 거라고, 에스더와 그녀의 집안이 조롱거리가 될 거라고 말이다.

당신과 나는 어떤가? 우리는 원한다면 뒤로 물러설 수 있다. 따뜻한 마음과 열정적인 믿음을 포기할 수 있다. 눈감을 수 있다. 어둠 속에 숨을 수 있다. 침묵할 수 있다. 아니면 시련을 하나님의 일에 참여할 기회로 여길 수도 있다.

이것이 1956년 1월의 어느 늦은 밤에 마틴 루서 킹 주니어가 직면한 상황이었다. 스물일곱의 어린 나이에 그는 장차 보이콧 운동과 민권 운동의 기초가 될 대의를 받아들였다. 로자 파크스(Rosa Parks)가 버스에서 백인 승객에게 자리 양보하기를 거부한 지 일주일도 채 안 돼서 킹은 앨라배마주 몽고메리시의 몽고메리개선협회 회장이 되었다.

그 즉시 살해 위협이 시작되었다. 특히 한 통의 전화가 킹의 신경을 곤두서게 했다. 훗날 그는 한 연설에서 그 순간을 이렇게 회고했다. "전화선의 저쪽 끝에서 불쾌한 목소리가 들려왔습니다. 그 목소리는 내게 대충 이런 뜻의 말을 했습니다. '검둥아, 우리는 너와 네가 하는 짓거리에 지쳤다. 사흘 안에 이 마을 떠나지 않으면 네 머리통을 날려 버리고 네 집을 폭파해 버릴 테다.'"

킹은 생각을 모으기 위해 주방으로 갔다. 그는 아름다운 아내와 소중한 어린 딸을 생각했다. 거리에서 그를 기다리고 있는 분노를 떠올렸다. 그리고 그의 노력이 이런 위험을 감수할 만한 가치가 있는지 자문했다.

아버지나 어머니를 찾아가볼까 하는 생각도 들었지만, 그는 다른 선택을 했다. "무언가가 내게 말했습니다. '지금 아버지에게 갈 수는 없어. 아버지는 여기서 175마일이나 떨어져 있는 애틀랜타에 계셔. 어머니에게 갈 수도 없어. 사람 안에 있는 어떤 것, 아버지가 네게 말씀하시곤 하던 어떤 것을 사용해야 해. 불가능한 것을 가능하게 만드는 힘을.'"

킹은 고개 숙여 하나님께 도움을 청했다. "그리고 그때 내면의 목소리가 내게 말하는 것을 들은 듯했습니다. '마틴 루서, 의를 위해 일어나라. 정의를 위해 일어나라. 진리를 위해 일어나라. 내가 세상 끝까지 너와 함께하리라.'"

새 힘을 얻은 킹은 일을 계속했고, 20세기의 가장 위대한 민권 운동에 그의 족적을 남겼다. 그러나 그러한 킹도 남은 평생을 두려움과 싸웠다. 주방에서의 일화를 들려준 그 연설에서 그는 이렇게 시인했다. "매일 극심한 비난에 시달리면서 낙심이 될 때도 있었습니다. 심지어 흑인들에게서도 비난을 받았으니까요. … 내가 한 일이 허사가 된 기분이었습니다. 그러나 그럴 때마다 성령님이 내 영혼을 새롭게 하셨습니다."1)

우리 각자의 삶은 하나님 곁에서 일할 기회와 마주친다. 우리는 페르시아 왕 앞에 나아가 말할 일은 없을 것이다. 자유를 위한 운동을 이끌 사람은 극소수에 불과할 것이다. 그러나 하늘은 우리 각자에게 예외 없이 거룩한 일에 참여할 특권을 줄 것이다.

하늘의 부름을 받을 때 당신이 킹 목사가 들은 것과 같은 성령님의 목소리를 듣고, 에스더가 발견한 것과 같은 용기를 발견하고, 모르드개가 한 것과 같은 굳은 결심을 하게 되기를 기도한다. 구원은 성취될 것이다. 당신과 내가 하나님의 구원 사역에 동참하도록 하나님이 도우시기를!

묵상을 위한 질문

1. 에스더 4장 1-2절은 아하수에로 왕이 유대인 대학살에 동의한 후 모르드개가 얼마나 절망적이었는지를 묘사한다. "모르드개가 이 모든 일을 알고 자기의 옷을 찢고 굵은 베 옷을 입고 재를 뒤집어쓰고 성중에 나가서 대성 통곡하며 대궐 문 앞까지 이르렀으니 굵은 베 옷을 입은 자는 대궐 문에 들어가지 못함이라"

   - 당신은 모르드개가 경험한 것과 같은 고통과 슬픔을 느낀 적이 있는가? 만약 그렇다면, 그러한 고통의 원인은 무엇이었는가?
   - 당신은 베옷을 입지는 않았겠지만, 다른 형식으로 슬픔을 표현한 적이 있는가? 만약 그렇다면, 무엇으로 슬픔을 표현했는가?

2. 동족을 도와달라는 모르드개의 청을 듣고 에스더는 초기에 어떤 반응을 보였는가?(에 4:11 참조)

   - 그녀가 왜 그렇게 반응했다고 생각하는가?
   - 당신은 의로운 일을 하기에 앞서 주저한 적이 있는가? 만약 그렇다면, 그때 어떤 상황이었으며, 당신은 왜 주저했는가?

3. 에스더 4장 13-14절은 행동하기를 주저하는 에스더에 대한 모르드개의 반응을 보여준다. "너는 왕궁에 있으니 모든 유다인 중에 홀로 목숨을 건지리라 생각하지 말라 이 때에 네가 만일 잠잠하여 말이 없으면 유다인은 다른 데로 말미암아 놓임과 구원을 얻으려니와 너와 네 아버지 집은 멸망하리라 네가 왕후의 자리를 얻은 것이 이 때를 위함이 아닌지 누가 알겠느냐"

- 저자는 모르드개가 두 가지의 예리한 통찰을 보여주었다고 말한다. 그 두 가지란 무엇인가?
- 에스더는 모르드개가 거짓되다고 본 어떤 것이 그녀를 보호해주리라 믿었는가?
- 당신은 하나님이 하신 적이 없는 약속에 매달린 적이 있는가? 만약 그렇다면, 그 약속은 무엇이었으며, 그 약속을 믿은 것은 당신의 믿음과 행동에 어떤 영향을 끼쳤는가?
- 요한복음 16장 33절에서 예수님은 우리 모두에게 어떤 약속을 하셨는가?
- 이 약속과 관련한 저자의 질문 "당신의 하나님관에는 확실한 놓임과 극적인 구원이 포함되어 있는가?"(111쪽)에 당신은 어떻게 대답하겠는가?
- 오늘 당신은 삶의 어떤 영역에서 놓임과 구원이 필요한가?

4. 모르드개는 에스더에게 그녀가 왕비가 된 것이 이때를 위함인지도 모른다고 말했다. 당신은 하나님이 우리를 특정한 때와 장소에 있게 하신다고 믿는가?

- 만약 그렇게 믿는다면, 당신은 살면서 그런 경험을 한 적이 있는가?
- 만약 그렇게 믿지 않는다면, 다른 누군가에게 그런 일이 일어난 것을 보거나 들은 적이 있는가? 그 사람의 경험에 대해 어떻게 생각하는가?

5. 에스더서 2장 이후로 모르드개는 달라졌다. 그가 어떻게 달라졌는지 설명하라.

- 모르드개의 변화에 대해 저자는 어떻게 설명하는가? (109쪽 참조)
- 당신은 하나님이 당신 안에 억눌려 있던 믿음을 일깨워주신 경험이 있는가? 만약 그렇다면, 그때 어떤 기분이었는가?
- 그 결과 당신이나 당신의 삶은 어떻게 달라졌는가?
- 지금 하나님이 당신의 마음을 움직이셔서 다시 생각하게 하신 것은 무엇인가?

6. 에스더도 달라진 모습을 보인다. 그녀가 변화한 것은 무엇 때문인가?(에 4:16 참조)

- 무엇이 에스더에게 그토록 극적인 변화를 불러일으켰다고 생각하는가?
- 에스더는 금식한 뒤, 왕에게 나아가기로 결심하고 담대한 선언을 한다. "죽으면 죽으리이다." 당신은 무언가에 대해 이렇게 굳은 결심을 한 적이 있는가? 만약 그렇다면, 그 이유는 무엇인가?

7. 에스더에게 "이때"란 동족이 생명을 위협받는 상황에서 힘 있는 위치에 있을 때를 말한다.

- 현재 당신에게 "이때"는 어떤 때인가? 혹은 저자가 말한 것처럼 당신이 참여하도록 초대받은 거룩한 일은 무엇인가? 하나님은 당신이 어떤 일을 하도록 준비시키셨는가?
- 하나님은 당신에게 이 일을 할 수 있는 어떤 능력 혹은 수단을 주셨는가?
- 이 거룩한 일 앞에서 어떤 기분이 드는가? 에스더가 주저했을 때와 같은 기분이 드는가, 아니면 그녀가 죽으면 죽으리라고 각오했을 때와 같은 기분이 드는가? 그 이유는 무엇인가?
- 당신은 "그러나 이 일에 하나님이 계시다면 어찌할 것인가?"라는 저자의 질문을 상기할 필요가 있을 때가 더러 있는가?
- 당신은 이 일의 어디쯤에서 하나님을 보았는가?
- 당신은 전에 이와 비슷한 일의 어디쯤에서 하나님을 보았는가? 그리고 그것이 어떻게 지금 하나님의 거룩한 일에 참여하는 데 도움이 되는가?

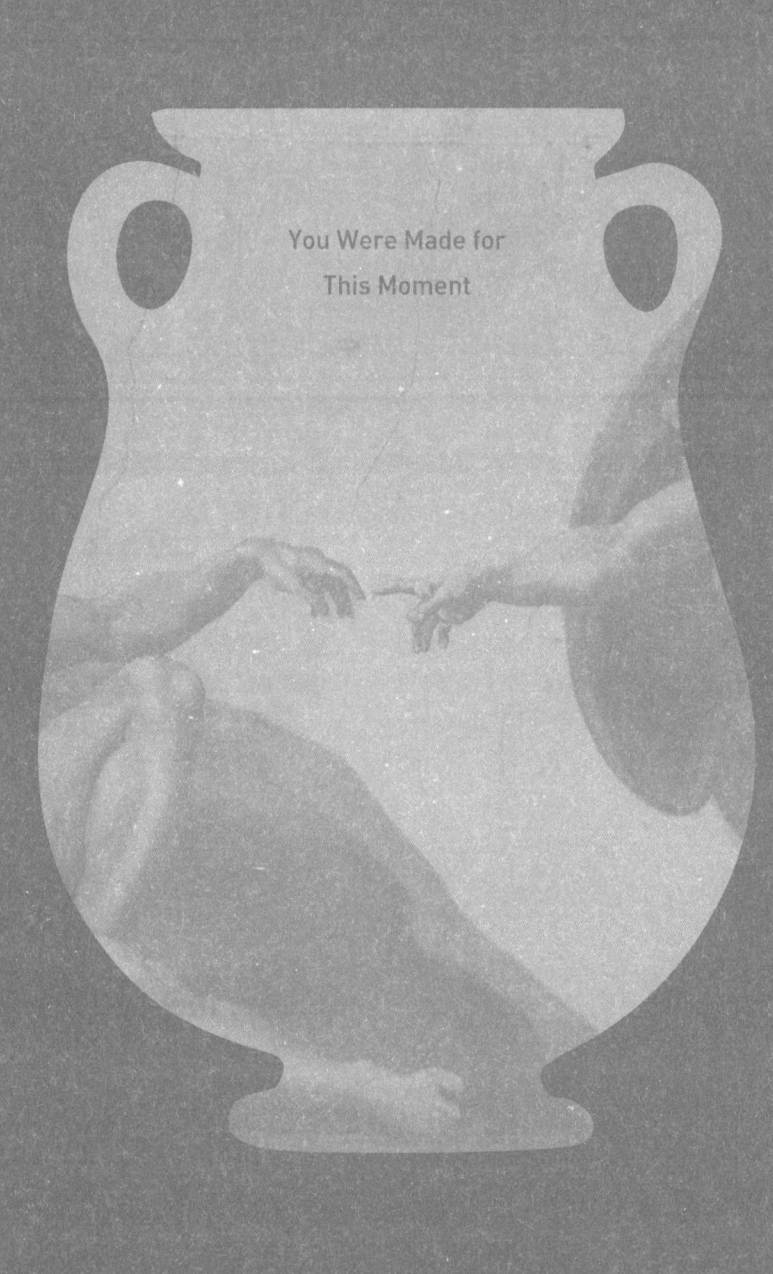

6장

두개의 어전

 에스더 이야기를 소재로 한 영화가 몇 편 된다. 내가 본 영화의 에스더는 황홀하리만큼 아름다웠다. 눈은 초승달 같고 올리브색 피부에는 잡티 하나 없었다. 그녀는 분명 할리우드 최고의 스타였을 것이다. 미모의 경쟁자 중에 페르시아 왕비로 간택된 인물을 연기해야 했으니 왜 안 그렇겠는가.

 영화의 가장 극적인 장면은 에스더가 부름을 받지도 않았는데 왕에게 나아가는 장면이다. 그녀는 우아한 자태로 어전 입구에 서 있다. 카메라는 좀처럼 그녀에게서 앵글을 돌리지 못한다. 마침내 카메라 앵글이 돌아갔을 때는 눈을 크게 뜬 채 입을 다물지 못하는 아하수에로의 모습이 보인다. '아름다운 이여, 내가 그대를 위해 무엇을 해주면 되겠소?' 영화가 암시하는 것은 분명하다. 그것은 바로 에스더의 미모가 왕의 마음을 녹였다는 것.

그러나 성경은 다른 이야기를 한다. 영화와 마찬가지로 에스더는 왕에게 나아갔다. 그녀는 큰 위험을 무릅쓰고 그렇게 했다. 그리고 아하수에로는 규를 내밀어 그녀를 어전에 들어오게 했다. 그러나 이 같은 예외적인 상황을 가능하게 한 것은 그녀의 미모가 아니었다. 본문을 보자.

> 에스더가 모르드개에게 회답하여 이르되 당신은 가서 수산에 있는 유다인을 다 모으고 나를 위하여 금식하되 밤낮 삼 일을 먹지도 말고 마시지도 마소서 나도 나의 시녀와 더불어 이렇게 금식한 후에 규례를 어기고 왕에게 나아가리니 죽으면 죽으리이다 하니라(에 4:15-16).

에스더는 어쩌면 처음으로 침묵이 순응의 한 형식임을 깨달았을 것이다. 그녀의 백성인 유대인들에게 대량학살이 예고되었는데도 그녀는 아무것도 하지 않고 있었다. 대량학살에 관한 소식을 듣지 못했거나 아니면 너무 두려워서 행동에 나서지 못했을 것이다. 여하튼 그녀의 무심함에는 변명의 여지가 없다.

그러나 에스더가 무엇을 할 수 있었겠는가? 왕이 결정했고, 총리가 선언했다. 그리고 두 사람 다 마음을 바꿀 생각이 없었다. 에스더는 꿈쩍도 하지 않는 벽을 마주하고 있었고, 자칫 잘못하다가는 죽을 수도 있었다. 그런 상황에서 그녀는 헤어 스타일리스트를 부르는 대신 기도실로 들어가는 것으로 반응했다.

그녀는 아하수에로의 어전으로 돌진하기보다는 자신을 낮추고 하나님의 어전으로 들어갔다.

나는 새롭게 만들어질 에스더 영화에는 이런 장면이 있었으면 한다. 에스더가 모르드개의 글을 읽고 얼굴을 감싸쥔 채 침실 바닥에 쓰러진다. 동족이 진멸당할 위기에 처했다. 이제 곧 유혈극이 벌어질 텐데 그녀는 그 명령을 내린 왕과 동침하는 처지가 아닌가. 시녀가 그녀를 부축하러 달려온다. 그러나 에스더는 손을 내저으며 말한다. "모르드개에게 가서 전하거라. 내가 왕을 뵙겠다고. 비록 내 목숨을 잃을지라도 말이다. 모두에게 기도하라고 말해다오."

이는 새로운 에스더다. 지금까지 그녀는 자신의 미모에 의지해왔지만, 이제는 하나님께 자신을 맡긴다.

그녀는 곧 아하수에로 앞에 설 것이다. 곧 목숨을 걸고 호소할 것이다. 막강한 힘을 지닌 왕이 정하고 그의 인장을 찍은, 변경할 수 없는 법을 바꿔달라고 청할 것이다. 그녀는 하나님의 개입만이 유일한 희망임을 알았다. 이것은 절실한 기도다.

사흘이 지났다. 그사이에 에스더는 물 한 모금 입에 대지 않았다. 두려움이 잠을 앗아갔고, 배고픔에 위가 쓰렸다. 탈수로 인해 피부가 건조하고 눈이 퀭했다. 그녀는 눈물의 기도를 드렸다.

그다음에 어떻게 되었는지는 당신도 알 것이다. 에스더가 어전에 들어섰을 때 그녀는 다시 한번 머리부터 발끝까지 완벽한 아름다움을 보여주었다. 아하수에로는 그녀의 모습에 입이 쩍 벌어졌다. 성경은 "왕후 에스더가 뜰에 선 것을 본즉 매우 사랑스러우므로 손에 잡았던 금 규를 그에게" 내밀었다고 말한다(에 5:2).

매우 사랑스러웠다고? '그녀에게 압도되었다'나 '그녀를 보고 한여름의 아스팔트에 떨어진 아이스크림처럼 녹아내렸다' 같은 표현은 어떤가? 왕은 침을 꿀꺽 삼키며 "나라의 절반이라도 그대에게 주리다" 하고 말했다. 내가 보기에 왕은 중학생 같고 에스더는 대학생 치어리더 같다.

그러나 어전의 문을 연 것은 에스더의 미모가 아니었다. 그것은 기도였다. 에스더는 겸손한 태도로 만왕의 왕 앞에 머문 후에야 아름다운 자태로 왕 앞에 섰다. 우리도 그렇게 해야 하지 않을까?

당신이 이 겨울을 나는 데 필요한 수단을 가지고 있다고는 단 한 순간도 생각지 말라. 그러나 하나님이 당신에게 필요한 것을 주시지 않으리라고도 생각지 말라.

여러 해 전, 우리 가족이 브라질에서 살 때 새 신자 한 명이 교회 지도자 중 한 명을 찾아왔다. 그는 성경을 읽다가 "너희가 기도할 때에 무엇이든지 믿고 구하는 것은 다 받으리라"(마 21:22)라는 약속을 발견했다며 이렇게 물었다.

"우리 교회도 이 말씀을 믿나요?"

여기에 대해 선교사가 무슨 말을 하겠는가?

"물론이지요."

"그렇다면 우리는 왜 그토록 열심히 일하면서 그토록 적게 기도하는 걸까요?"

좋은 질문이다. 우리는 왜 그럴까? 힘든 시기를 이겨내기 위해 필요한 것이 오직 기도뿐이라면 어찌할 것인가? '위에 계시는 분'을 향해 모자를 벗어들라는 말이 아니다. 나는 지금 진실한 기도에 대해 말하는 중이다. 상황을 반전시키는 데 하나님과 동역하는 것보다 더 간단한(혹은 더 중요한) 방법은 없다.

봄을 찾는가? 낚시꾼 친구들의 조언을 들을 필요가 없다. 신문에서 광고하는, 행복에 이르는 방법 10단계를 찾을 필요도 없다. 정신 건강을 다루는 토크쇼를 볼 필요도 없다. 우리에게는 에스더와 다니엘이 발견한 수단, 즉 기도가 필요하다.

다니엘은 소년 시절인 BC 605년, 바빌로니아에 포로로 끌려갔다. 훗날 그는 자기 민족의 미래에 대해 이해하게 되었다. 그는 70년간의 포로 생활이 끝나가고 있음을 깨달았고, 이 문제를 가지고 하나님 앞에 나아왔다.

우리의 하나님, 이제 주님의 종의 기도와 간구를 들어 주십시오. 무너진 주님의 성전을 복구하여 주십시오. 성전을 복구하셔서, 주님만이 하나님이시라는 것을 모두가 알게 해주십시오. 나의 하나님, 귀를 기울이시고 들어 주십시오. 눈을 크게 뜨시고, 우리가 황폐해진 것과 주님의 이름을 빛내던 이 도성의 고통을 굽어보아 주십시오. 우리가 이렇게 주님께 간구하는 것은, 우리가 잘나서가 아니고, 주님께서 자비하시기 때문입니다. (단 9:17-18, 새번역 성경)

다니엘의 기도를 어떻게 표현하면 좋을까? '호소력 있다,' '권위 있다,' '고상한 시 같다'? 셋 다 아닌 것 같다. '겸손하다'는 어떠한가?
그는 간구했다.
"자비를 베풀어 주십시오."
"우리를 위해서가 아니라, 주님이 어떤 분인지를 나타내 보이시기 위해서라도 그렇게 해주십시오."
"우리는 주님의 응답을 받을 자격이 없음을 잘 압니다."
"주의 자비에 호소합니다."
다니엘은 가장 높으신 재판장의 자비에 자신을 내맡겼다.
하나님의 응답을 받을 자격이 있는 사람이 있다면, 그 사람은 바로 다니엘이다. 성경은 그를 나무랄 데 없는 사람으로 묘사한다. 다니엘에 관해서는 간음이나 복수, 불성실과 관련한 그 어떤 암시도 없다. 성경에 묘사된 그는 거룩한 사람이었다. 그러나 이 거룩한 사람은 하나님의 임재 안에서 절절한 기도를 드렸다.
그리하여 그 기도에 감동하신 하나님은 천사를 보내 그에게 메시지를 전하셨다.

"다니엘아, 두려워하지 말아라. 네가 이 일을 깨달으려고 하나님 앞에서 스스로 겸손하여지기로 결심한 그 첫날부터, 하나님은 네가 간구하는 말을 들으셨다. 네가 간구하는 말에 응답하려고 내가 왔다. 그러나 페르시아 왕국의 천사장이 스무하루 동안 내 앞을 막았다. 내가 페르시아에 홀로 남아 있었으므로, 천사장 가운데 하나인 미가엘이 나를 도와주었다. 이제 내가 마지막 때에 네 백성에게 일어날 일을 깨닫게 해주려고 왔다. 이 환상은 앞으로 일어날 일을 보여 주는 것이다."(단 10: 12-14, 새번역 성경)

다니엘이 무릎 꿇고 기도할 때 천사가 그를 도우러 왔다.

당신이 고개 숙여 기도할 때가 곧 하나님이 도움의 손길을 내미시는 때다. 하늘 아버지는 당신의 기도를 듣기 원하신다. 절망적인가? 대안이 없는가? 해결책이 없는가? 결코 그렇지 않다. 지금이 그 어느 때보다 더 하나님 앞에 무릎 꿇고 자비를 호소할 때다.

2020년 여름, 나는 바로 이 같은 상황 가운데 있었다. 그해는 우리 모두에게 힘든 한 해였다. 전 세계가 코로나19 팬데믹으로 고통받았다. 백악관은 혼란에 빠졌고, 고용 시장은 극도로 위축되었다. 그리고 마치 또 다른 쓰나미가 필요하기라도 한 것처럼 미니애폴리스에서 한 흑인 남성이 백인 경찰관의 손에 죽었고, 분노가 폭발했다. 뉴욕에서부터 포틀랜드에 이르기까지 도시마다 분노한 사람들이 거리로 쏟아져나왔다.

내가 1988년부터 목회를 해온 샌안토니오에서는 우리 교인들을 포함한 한 무리의 사람이 기도회를 열기로 했다. 우리는 샌안토니오에서 가장 큰 주차장을 빌렸다. 현수막을 디자인하고 기도회를 조직했다. 우리는 모르드개와 에스더의 예를 따라 하나님께 도움을 구하는 기도를 드리기로 했다. 그리고 회개하기로 했다. "내 이름으로 일컫는 내 백성이 **그들의 악한 길에서 떠나** 스스로 낮추고 기도하여 내 얼굴을 찾으면 내가 하늘에서 듣고 그들의 죄를 사하고 그들의 땅을 고칠지라"(대하 7:14, 저자 강조).

악한 길에서 떠나 죄를 뉘우쳐야 했다.

'하지만 어떤 죄를 뉘우쳐야 하나요, 하나님? 지은 죄가 너무나 많은데요?' 우리는 허다한 죄 중에 어떤 죄를 뉘우쳐야 할지 몰라 난감했다. 그런데 다음 순간, 그 어느 때보다 더 분명한 답이 돌아왔다. 그것은 바로 인종차별이라는 죄였다. 우리 국민은 수백 년간 우리의 흑인 형제자매들에게 가해온 억압에 대해 회개해야 한다.

나는 이 기도회의 인도자가 되었다. 하지만 인종차별에 대한 회개 기도를 인도하는 것이 썩 마음에 내키지는 않았다. 내겐 핑곗거리가 많았고, 그것들을 모두 하나님께 말씀드렸다. "하지만 저는 인종차별주의자가 아닌걸요. 저는 흑인 사회에 그 어떤 잘못도 하지 않았습니다. 아프리카계 미국인들에 대해 나쁘게 말한 적도 없고요."

'그러나 너는 그들을 옹호하지도 않았다!' 하늘 아버지로부터 또다시 분명한 답이 돌아왔다.

나는 다니엘이 어떻게 하나님께 호소했고, 모르드개가 어떻게 공공장소에서 슬픔을 표현했으며, 에스더가 만왕의 왕께 말씀드리기 전까지는 어떻게 왕에게 말하지 않았는지를 떠올렸다.

나는 한 흑인 목사에게 같이 단상에 올라가 달라고 부탁한 뒤, 집회에 참석한 수천 명과 온라인으로 참여한 수만 명이 지켜보는 가운데 제단 앞에 무릎 꿇고 기도했다.

하나님 아버지, 아버지는 한 방울의 피로 지상의 모든 민족을 만드셨습니다. 우리는 모두 한 핏줄입니다. 흑인의 피가 따로 없고 백인의 피가 따로 없습니다. 황인의 피가 따로 없고 아시아인들의 피가 따로 없습니다. 모두가 한 핏줄입니다.

아버지는 모든 민족의 모든 사람을 구원하시기 위해 보배로운 피를 흘리셨습니다. 아버지의 눈에는 그들 모두가 다 소중합니다. 그러나 우리 눈에는 그렇지 않습니다.

이 죄에 대해, 오 주님, 우리를 용서하소서.

저, 맥스 루케이도는 잘못을 범했습니다. 저는 침묵했습니다. 모래 속에 머리를 파묻었습니다. 형제자매들이 길거리에서 상처 입고 있는데도 저는 그들을 피해 멀리 돌아갔습니다. 저는 그들의 비참한 기분을 느끼게 했습니다. 그들의 트라우마를 깨닫지 못했습니다.

잘못했습니다.

우리는 잘못을 범했습니다. 우리 조상은 잘못을 범했습니다. 그들이 사람들을 사고팔았을 때, 그것은 잘못된 일이었습니다. 그들이 흑인들보다 우월하다고 주장했을 때, 그것은 잘못된 일이었습니다. 그들이 음수대와 버스와 식당을 아버지의 자녀들과 공유하기를 거부했을 때, 그것은 죄였습니다.

아버지의 교회가 아버지의 유색인 자녀들을 들어오지 못하게 함으로써 아버지의 마음을 아프게 한 것에 대해 자비를 구합니다. 우리는 아버지와 같은 생각입니다. 그것은 잘못된 일이었습니다.

오, 주님, 이 나라를 치유하소서. 주님은 경찰과 정치인이 할 수 없는 것을 하실 수 있습니다. 주님은 편견과 선입견의 벽을 허무실 수 있습니다. 부디 오늘 그렇게 해주십시오. 예수님의 이름으로 기도드립니다.

이 기도가 미국의 쇄신에 자극제가 되었을까? 그렇다고 말할 수는 없을 것 같다. 그러나 이 기도는 한 젊은 아프리카계 미국인 여성이 "이것이 제가 포기하지 않기 위해서 들어야 할 말의 전부입니다" 하고 말하게 했다.

에스더는 뒤에 숨어서 아무것도 하지 않을 수도 있었다. 혹은 곧바로 아하수에로에게 달려갈 수도 있었다. 그러나 그녀는 더 지혜로운 방법을 택했다. 그녀는 기도했다. 에스더의 이야기는 우리에게도 같은 일을 하도록 촉구한다.

지금은 만유의 주재이신 하나님과 진지하고 솔직한 대화를 나눌 때이다. 옷을 찢을 필요는 없지만, 겉치레는 벗어던져야 한다. 사흘간 금식을 하고 안 하고는 자유지만, 겸손한 마음으로 드리는 진실한 기도는 반드시 필요하다.

당신에게 아하수에로 같은 인물은 누구인가? 당신은 어떤 시련에 직면해 있는가? 실직 위기에 놓였는가? 사랑하는 사람이 호스피스 병동에 있는가? 가족이 공격을 당했는가? 믿음이 시들해졌는가? 그렇다면 조용한 곳으로 물러나 기도하라.

에스더는 하나님의 어전에서 시간을 보냈기에 아하수에로의 어전에 들어갈 수 있었다. 당신과 나도 마찬가지다. 일단 하늘의 왕께 말씀드리고 나면 지상의 그 어떤 왕과도 마주할 수 있다.

묵상을 위한 질문

1. 다음 빈칸을 채우라. "그녀는 아하수에로의 어전으로 돌진하기보다는 자신을 낮추고 _____ _____으로 들어갔다."(123쪽)

   - 에스더가 왜 아하수에로 앞에 나아가기 전에 사흘간 금식했다고 생각하는가?
   - 당신이 중요한 결정을 할 때나 당신 인생의 중요한 순간에 기도는 어떤 역할을 하며, 그 이유는 무엇인가?

2. 이야기의 이 시점에 에스더는 힘 있는 위치에 있었다. 유대인을 죽이라는 포고령은 그녀에게 직접적인 영향을 미치지 않을 터이기에 그녀는 이 포고령을 모르는 체할 수도 있었다. 그러나 그녀는 행동에 나서기로 했다. 권력과 지위는 어떻게 우리 안에 무감각을 낳기도 하는가?

   - 당신은 어떤 문제에 무감각한가?
   - 그 문제에 무감각한 이유는 무엇인가?
   - 어떻게 하면 특정 문제가 우리에게 직접적인 영향을 미치지 않더라도 그 문제에 대한 무감각에서 공감으로 옮겨갈 수 있을까?
   - 에스더는 어떻게 무감각에서 공감으로 옮겨갔는가?

3. 에스더가 아하수에로의 어전에 들어갔을 때 무슨 일이 있었는가?(에 5:2 참조)

   - 아하수에로가 왜 그렇게 반응했다고 생각하는가?
   - 당신의 기도가 전혀 예상치 못한 응답을 받은 적이 있는가? 만약 그렇다면, 그때 어떤 일이 있었는지 이야기해보라.

- 그것은 당신의 믿음에 어떤 영향을 미쳤는가?

4. 에스더가 아하수에로의 마음을 움직이는 데 겸손은 어떤 역할을 했는가?

- 하나님의 거룩한 일에 참여하는 데 겸손은 어떤 역할을 하는가?
- 당신은 겸손한 태도로 인해 무언가를 하게 된 적이 있는가? 만약 그렇다면, 겸손은 어떻게 당신이 행동에 나서거나 하나님이 부르시는 일을 하게 하는가?
- 겸손의 결여는 어떻게 당신이 하나님이 부르시는 일을 하지 못하게 하는가?

5. 다니엘은 겸손한 마음으로 기도하는 사람의 모습을 보여준다. 다니엘서 9장 17-18절에 나오는 그의 기도를 읽으라.

"우리의 하나님, 이제 주님의 종의 기도와 간구를 들어 주십시오. 무너진 주님의 성전을 복구하여 주십시오. 성전을 복구하셔서, 주님만이 하나님이시라는 것을 모두가 알게 해주십시오. 나의 하나님, 귀를 기울이시고 들어 주십시오. 눈을 크게 뜨시고, 우리가 황폐해진 것과 주님의 이름을 빛내던 이 도성의 고통을 굽어보아 주십시오. 우리가 이렇게 주님께 간구하는 것은, 우리가 잘나서가 아니고, 주님께서 자비하시기 때문입니다."(단 9:17-18, 새번역 성경)

- 하나님을 향한 겸손한 태도를 나타내는 단어나 어구에 밑줄을 그으라.
- 당신은 이제까지 기도해본 적이 없는 어떤 문제에 대해 기도할 필요가 있는가?
- 그동안 그 문제에 대해 기도하지 않은 이유는 무엇인가?
- 오늘 당신은 어떻게 겸손한 마음으로 하나님의 어전에 나아갈 수 있을까?

6. 저자는 인종차별, 특히 교회 안에서의 인종차별에 반대하는 목소리를 높인다. 전에는 그렇게 하지 못했는데, 그에 대한 저자의 변명은 어디서 많이 들어본 듯하다. "하지만 저는 인종차별주의자가 아닌걸요. 저는 흑인 사회에 그 어떤 잘못도 하지 않았습니다. 아프리카계 미국인들에 대해 나쁘게 말한 적도 없고요."(128쪽) 그 후 저자는 하나님으로부터 어떤 분명한 말씀을 들었는가?

- 인종차별이나 그 밖의 사회 문제에 대한 우리의 침묵은 어떤 해로운 결과를 초래할 수 있는가?
- 당신은 특정한 사람이나 단체를 옹호하는 문제에 대해 고민한 적이 있는가? 만약 그렇다면, 그 이유는 무엇인가?

7. 129-130쪽에 나오는 저자의 기도를 읽으라.

- 당신의 눈길을 끈 부분은 어디이며, 그 이유는 무엇인가?
- 저자의 기도에서 거북하게 느껴지는 부분이 있다면, 그 부분은 어디고 그 이유는 무엇인가?
- 이 기도에서 당신의 잘못을 생각나게 하는 부분이 있다면, 그 부분은 어디고 그 이유는 무엇인가?
- 만약 공중 앞으로 나아가 회개 기도를 드리게 된다면 당신은 무엇을 회개하고자 하는가?
- 진실한 회개 기도를 드릴 때 어떤 기분이 들 것 같은가?
- 이 특별한 기도를 드리는 것이 저자에게 중요했던 이유는 무엇인가? 이는 저자에게 어떤 영향을 미쳤는가?

8. 당신이 "만유의 주재이신 하나님과 진지하고 솔직한 대화를 나눌" 필요가 있는 문제는 무엇인가? 지금 잠시 시간을 내어 이 문제에 대해 기도하라. 마음속으로 해도 좋고 소리 내어 해도 좋다. 혹은 종이에 기도문을 적어보는 것도 도움이 될 것이다. 겸손한 태도로 하나님의 어전에 나아가라. 그리고 그로 인해 당신의 기도가 어떻게 달라지는지 보라.

3막

승리

역사를 주관하시는 하나님

 모르드개는 꿈을 꾸는 중이었다. 꿈속에서 그는 어린 에스더가 푸른 언덕을 달려 내려와 그의 품에 안기는 것을 보았다. 검은 리본으로 묶은 머리가 그녀의 등 뒤에서 좌우로 흔들렸다. 에스더의 웃음소리는 종달새가 질투할 만큼 청아했다. 모르드개는 그녀를 높이 들어올렸다. 오후의 태양을 가릴 만큼 아주 높이.
 꿈속에서 에스더는 모르드개를 아빠라고 불렀다. 그는 에스더의 아버지가 아니었지만, 그녀에게 그는 유일한 아버지였다. 모르드개는 그녀를 내려놓았다. 그리고 풀밭 사이로 달려가는 그녀를 쫓아가려는 순간….
 "일어나게, 모르드개."
 모르드개는 눈을 감고 턱을 가슴까지 내려뜨린 상태였다. 그는 잠에서 깨어나고 싶지 않았다.
 "왜 비렁뱅이처럼 여기서 이러고 있나?"
 모르드개는 눈을 깜빡거렸다. 달빛이 조용한 거리를 비췄다. 등 뒤로 딱딱한 벽과 엉덩이 아래로 자갈길이 느껴졌다.
 "헤개?"
 "그래, 날세."
 친구가 대답했다.
 "잠깐 졸았나보네."
 모르드개가 메마른 입술로 중얼거렸다.
 "새벽이 다 되어간다네."
 "내가 밤새 여기서 잠을 잤단 말인가?"
 "그래, 자네는 지쳤어. 사흘을 금식했으니 무리도 아니지. 내 자네에게 먹을 것을 좀 가져다줌세."

모르드개가 일어섰다.

"아직은 아닐세. 왕비께 답을 듣기 전에는 아무것도 먹을 수 없어."

그는 머리가 핑 도는 듯해 벽에 기댔다. 염소 털로 만든 옷이 까끌거렸다.

"내가 여기 온 것도 그 때문일세. 왕비께서 자네를 보자고 하시네."

"왕비께서?"

"그렇다네. 나를 따라오게."

모르드개는 한 손으로 헤개의 어깨를 잡고 바싹 붙어서 따라왔다. 안뜰은 보초 몇 명을 제외하고는 텅 비어 있었다. 그들은 지쳐 보였다. 두 사람이 통로를 지날 때 헤개가 자수가 놓인 로브를 친구의 어깨에 둘러주었다. 모르드개는 제지하지 않았다. 애통함을 표현하는 누추한 옷차림으로는 문을 통과할 수 없을 터였기 때문이다.

그들은 금세 커다란 문 앞에 도착했다. 헤개가 문을 열었다. 모르드개가 방 안으로 들어가는 동안 헤개는 문 옆에서 기다렸다. 작은 램프에서 커다란 테이블을 비추기에 충분한 빛이 흘러나왔다. 벽에는 불붙이지 않은 횃불이 일정한 간격으로 걸려 있었고, 한쪽 끝의 난로에는 깜부기불이 타고 있었다. 일주일 전만 같았어도 그는 여기서 사람들과 함께 떠들썩하게 연회를 즐기고 있었을 것이다.

그러나 그가 자신이 유대인임을 밝히고 베옷을 입고 재를 뒤집어쓰면서 모든 게 달라졌다. 그는 며칠간 도성 거리를 헤매고 다녔다. 통로와 다리 난간 사이로 그의 울음소리가 울려 퍼졌다. 몇 달 뒤면 모든 유대인이 죽임을 당할 것이다. 그들에게는 왕 앞에서 그들의 구명을 위해 힘써줄 누군가가 필요했다. 그 '누군가'가 기다란 테이블의 한쪽 끝에서 그를 기다리고 있었다.

모르드개는 궁중 예절이 허락하는 한 왕비에게 가까이 다가가 고개를 숙였다.

다음 순간 고개를 들어 보니 에스더의 얼굴이 눈물에 젖어 있었다. 그녀는 입술이 마르고 갈라져 있었으며, 소박한 드레스를 입고 있었다.

"저는 준비가 되었습니다."

에스더가 말했다. 그녀의 목소리는 차분하고 단호하고 용감했다.

"왕에게 나아가기로 했나요? 왕의 부름이 없어도요?"

"네."

"왕이 만나준다면 단도직입적으로 말씀하세요."

"아니요, 좀 더 은근한 방법이 필요해요."

모르드개는 고개를 갸우뚱했다.

"그는 오직 쾌락의 언어만 안답니다. 저는 쾌락의 언어를 사용할 생각이에요."

에스더는 소리를 낮춰 그녀의 계획을 들려주었다.

"…그게 좋겠군요."

모르드개가 고개를 끄덕인 뒤 이렇게 덧붙였다.

"지난 며칠간 유대인 마을을 몇 차례 방문했습니다. 그들은 기도하고 있어요. 어린아이들조차도요."

왕비가 희미하게 미소 지었다.

"어린아이들도요?"

"네. 그 아이들이 제게 신성한 메시지를 들려주었답니다."

"신성한 메시지요?"

"그 아이들은 길을 가던 저를 붙잡고는 성경 구절을 인용했어요. '너는 갑작스러운 두려움도 악인에게 닥치는 멸망도 두려워하지 말라'"[1]

에스더가 고개를 끄덕였다.

"그렇게 되었으면 좋겠네요. 부디 그 아이들의 기도가 하늘에 닿기를!"

그런 다음 그녀는 한참 동안 말이 없다가 부드럽고 깨끗한 손을 그에게 내밀었다. 모르드개가 그 손을 잡았다.

"아빠?"

"그래, 얘야."

"만약 제가 죽으면… 그러면 어떻게 되는 거죠?"

모르드개는 침을 꿀꺽 삼키며 한숨을 내쉬었다.

"그렇게 되면 네 부모님을 만나게 되겠지. 아브라함이 너를 맞이하고 룻이 너를 반겨줄 게다."

"우리 민족은 어떻게 될까요?"

"하나님이 구원해주실 거야."

에스더가 고개를 끄덕였다. 그녀의 눈물 어린 눈이 촛불 빛에 반짝였다.

그 순간 그녀는 왕비가 아니었다. 그는 귀족이 아니었다. 그들의 민족은 사형선고를 받은 사람들이 아니었다.

두 사람은 들판에 있었다. 황금빛 들판에.

헤개가 불빛 속으로 걸어 들어왔다.

"왕비 전하, 시간이 다 되었습니다."

왕비는 자리를 떴다.

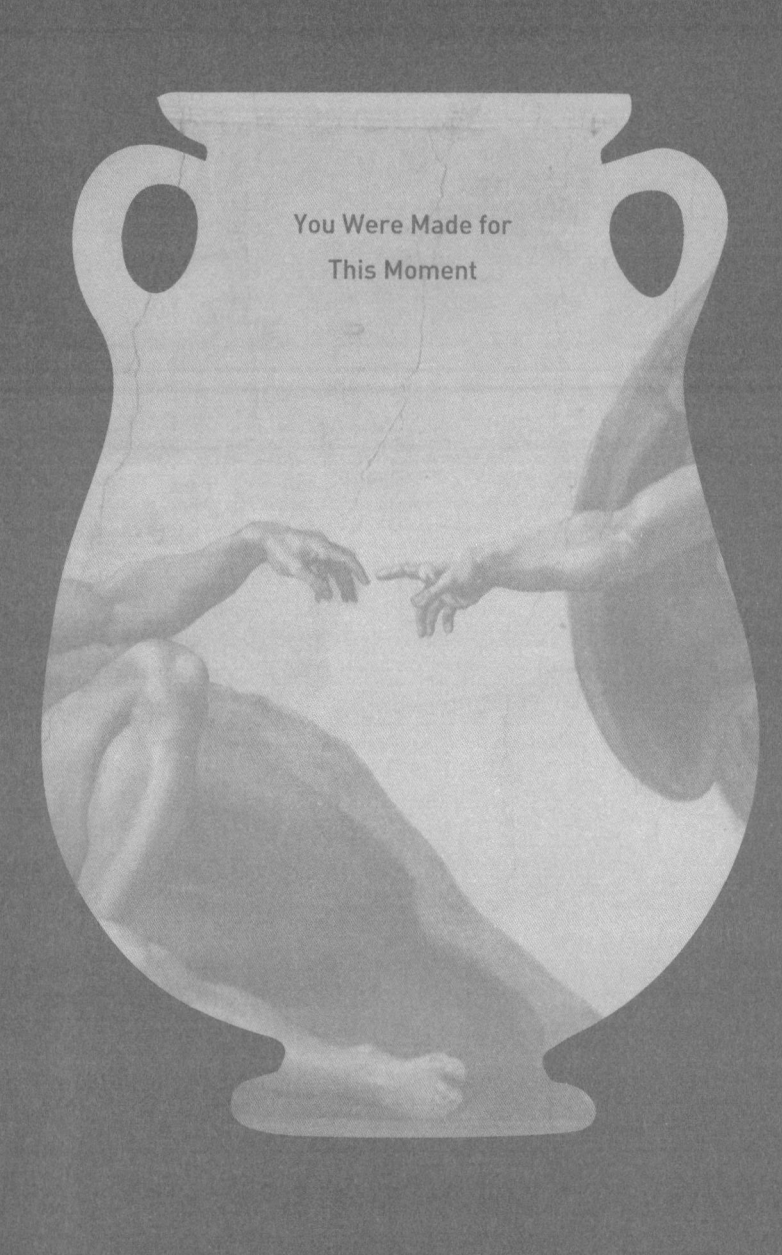

7장

세세한 부분까지 계획되었다

나는 나비효과에 위안을 얻지 못한다. 나비효과의 가능성을 생각하는 것은 내게 아무런 위로가 되지 않는다. 나비효과란 플로리다에서 발생한 허리케인의 원인을 서아프리카 나비의 날갯짓에서 찾는 이론이다.[1] 나비가 날갯짓을 하면 약간 공기의 흐름이 생기고, 그 공기의 흐름이 지구를 돌면서 거대한 태풍으로 변한다는 것이다.

나비에 관한 부분은 이해할 수 있다. 작은 일이 큰일로 번지는 것은 얼마든지 있을 수 있는 일이므로. 씨앗을 심어본 사람이라면 누구라도 미미한 시작에 깃든 강력한 힘을 부인할 수 없을 것이다. 내가 의문을 품는 것은 결과가 아니라 과정에 작용하는 임의성에 대해서다.

인간이 나비의 날갯짓의 희생자라고? 나비의 날갯짓으로 인해 도시 전체가 바닷물에 침수된다고? 우리가 운명의 바람에 의해 돌아가는 풍향계 이상의 아무것도 아니라고? 우리의 삶이 운과 우연에 의해 좌우된다는 생각에서 위안을 얻을 사람이 누가 있겠는가?

나는 그런 생각에서는 위안을 얻지 못하지만, 다음과 같은 약속들로부터는 크나큰 위로를 받는다.

오직 우리 하나님은 하늘에 계셔서 원하시는 모든 것을 행하셨나이다(시 115:3).

과연 태초로부터 나는 그이니 내 손에서 건질 자가 없도다 내가 행하리니 누가 막으리요(사 43:13).

모든 일을 그의 뜻의 결정대로 일하시는 이의 계획을 따라 우리가 예정을 입어 그 안에서 기업이 되었으니(엡 1:11).

주의 명령이 아니면 누가 이것을 능히 말하여 이루게 할 수 있으랴(애 3:37).

아무도 그가 하시는 일을 막지 못하고, 무슨 일을 이렇게 하셨느냐고 그에게 물을 사람이 없다.(단 4:35, 새번역 성경)

내가 시초부터 종말을 알리며 아직 이루지 아니한 일을 옛적부터 보이고 이르기를 나의 뜻이 설 것이니 내가 나의 모든 기뻐하는 것을 이루리라(사 46:10).

하나님은 복되시고 유일하신 주권자이시며 만왕의 왕이시며 만주의 주시요(딤전 6:15).

하나님은 확실히 에스더 이야기 안에 계셨다. 이제부터는 안전벨트를 단단히 매시라. 몇몇 장면이 빠르게 전개될 테니. 5장은 에스더가 왕비의 예복을 입고 왕궁 안뜰에 서 있는 장면으로 시작된다. "왕후 에스더가 뜰에 선 것을 본즉 매우 사랑스러우므로 손에 잡았던 금 규를 그에게 내미니 에스더가 가까이 가서 금 규 끝을 만진지라"(에 5:2).

아하수에로 왕은 에스더를 들어오게 했을 뿐만 아니라 소원을 들어주겠노라고 말했다. "왕이 이르되 왕후 에스더여 그대의 소원이 무엇이며 요구가 무엇이냐 나라의 절반이라도 그대에게 주겠노라 하니"(에 5:3).

에스더는 저녁 식사 자리에 참석해줄 것을 청했다. 왕과 그녀와 하만이 함께하는 자리였다. 셋이 오붓하게 저녁을 들면서 한담을 나누고 술잔도 기울이고 음악도 들을 수 있을 터였다. 남자의 마음을 사로잡는 가장 빠른 길은 맛있는 음식을 대접하는 것이다. 그렇지 않은가?

그날 저녁은 대단히 성공적이었다. 하만은 배불리 먹고 기고만장해서 돌아갔다. 인생이 즐거웠다. 그는 왕의 최측근이자 왕비가 베푸는 잔치에 초대받은 사람이었다. 하만은 만족스러운 미소를 머금고 왕궁 안뜰에 일렬로 서 있는 시종들에게 고개를 끄덕여주었다. 삶이 이보다 더 달콤할 수 있을까? 그런데 그때 베옷을 입고 재를 뒤집어쓴 모르드개가 궁궐 문에 앉아 있는 게 보였다. 자리에서 일어나지도 않고 절을 하지도 않는 모르드개를 보자 하만은 속이 뒤집혔다.

좋았던 기분은 사라지고 심기가 언짢아졌다. 하만은 발가락에 염증이 생긴 마라토너처럼 맥이 빠져서 집으로 돌아왔다. 그는 친구들과 아내를 불러놓고 모르드개가 그의 행차에 찬물을 끼얹었음을 알렸다.

> 또 하만이 이르되 왕후 에스더가 그 베푼 잔치에 왕과 함께 오기를 허락받은 자는 나밖에 없었고 내일도 왕과 함께 청함을 받았느니라 그러나 유다 사람 모르드개가 대궐 문에 앉은 것을 보는 동안에는 이 모든 일이 만족하지 아니하도다 하니 그의 아내 세레스와 모든 친구들이 이르되 높이가 오십 규빗 되는 나무를 세우고 내일 왕에게 모르드개를 그 나무에 매달기를 구하고 왕과 함께 즐거이 잔치에 가소서 하니 하만이 그 말을 좋게 여기고 명령하여 나무를 세우니라(에 5:12-14).

그렇다. 고개를 숙이지 않는 자들은 죄다 사형에 처해야 한다. 허리를 굽히지 않는 자들 모두에게 본때를 보여줘야 한다. 하만은 높이 75피트(약 23미터)의 교수대를 세우도록 지시했다. 75피트면 건물 7층 높이다. 페르시아의 교수대에는 밧줄 대신 꼬챙이가 있었다. 그날 밤, 하만은 꼬챙이에 꿰인 모르드개를 생각하며 잠자리에 들었다. 이는 잠에 빠지기에 기분 좋은 방식은 아니다. 하지만 하만은 기분 좋은 사람이 아니었다.

잠에 관한 이야기가 나왔으니 말인데, 아하수에로는 잠을 이룰 수 없었다. 그는 이리저리 몸을 뒤척이다가 침대 가장자리에 걸터앉아 신음을 내며 불평을 했다. 잠이 오지 않는 것을 저녁에 먹은 고기 요리의 매운 소스 탓으로 돌렸다. 차라리 천국의 나비를 탓하는 편이 더 나았으리라.

요즘 시대에는 잠 못 이루는 사람들이 불면증 치료를 위해 루케이도의 설교를 듣는다. 하지만 그 당시에는 그런 치료법이 없었기에 아하수에로는 시종에게 역대 일기를 가져다 읽게 했다. 시종은 두꺼운 두루마리를 가져와서 읽기 시작했다. 마지막으로 열린 내각 회의의 내용부터 시작하여 역대 일기를 읽어나가는 그의 목소리는 수술대 위의 환자를 마취시킬 만큼 단조로웠다.

"수사의 성문 여섯 개를 교체하기로 하였다."

"왕이 군대에서 사용할 새로운 투구를 승인하였다."

"나라 안에 700만 개의 페이퍼 클립이 반입되었다."

"모르드개가 암살 음모를 보고함으로써 왕의 목숨을 구했다."

뭐라고?! 왕은 몸을 똑바로 한 뒤 시종에게 말했다. "잠깐만! 거기서 멈추거라!"

앞에서 이 이야기가 나왔던 것을 기억하는가? 모르드개는 왕을 시해하려는 음모를 엿듣고 이를 에스더에게 알렸고, 에스더는 이를 다시 왕에게 알렸다. 그 사건이 역대 일기에 기록되었다. 그러나 이제까지 모르드개에게는 아무런 보상도 주어지지 않았다.

"왕이 이르되 이 일에 대하여 무슨 존귀와 관작을 모르드개에게 베풀었느냐 하니"(에 6:3).

왕은 자기 목숨을 구해준 사람이 아무런 보상도 받지 못했다는 사실을 알고 흥분했다. 왕관을 지켜준 사람이 금시계 하나도 받지 못하다니, 어떻게 이럴 수가 있단 말인가. 아하수에로는 침대에서 내려와 방 안을 왔다 갔다 하기 시작했다. 무언가 해야 했다. 하지만 무엇을? 아하수에로에게는 약간의 조언이 필요했다.

> 왕이 이르되 누가 뜰에 있느냐 하매 마침 하만이 자기가 세운 나무에 모르드개 달기를 왕께 구하고자 하여 왕궁 바깥뜰에 이른지라 측근 신하들이 아뢰되 하만이 뜰에 섰나이다 하니 왕이 이르되 들어오게 하라 하니(에 6:4-5).

동틀녘이었다. 아하수에로와 하만은 둘 다 궁궐 안에 있었고, 둘 다 모르드개를 생각하고 있었다. 아하수에로는 모르드개를 존귀하게 하고자 했고, 하만은 죽이고 싶어 했다.

왕이 하만을 불렀다. 하만은 공작새가 깃털을 뽐내듯 왕의 침전으로 들어갔다. 하지만 그가 아침 인사를 건네기도 전에 아하수에로가 말했다. "왕이 존귀하게 하기를 원하는 사람에게 어떻게 하여야 하겠느냐"(에 6:6).

나르시시스트인 하만은 왕이 자신을 높이려 한다고 생각했다. 어쨌거나 자신보다 더 왕에게 인정받을 사람이 누가 있겠는가. 그는 손톱에 입김을 '후!' 분 뒤 가슴에 대고 문질렀다. 그러고는 자기 앞에 펼쳐질 날들을 그려보았다. 그는 왕의 옷을 입고 왕과 나란히 말을 달릴 것이다. 사람들은 그가 지나는 길에 장미 꽃잎을 뿌려놓고 그에게 절할 것이다. 그러면 그는 사람들에게 손 키스를 보내고, 사람들도 그에게 손 키스를 보낼 것이다. 아, 얼마나 근사할까!

> 왕께서 사람을 존귀하게 하시려면 왕께서 입으시는 왕복과 왕께서 타시는 말과 머리에 쓰시는 왕관을 가져다가 그 왕복과 말을 왕의 신하 중 가장 존귀한 자의 손에 맡겨서 왕이 존귀하게 하시기를 원하시는 사람에게 옷을 입히고 말을 태워서 성 중 거리로 다니며 그 앞에서 반포하여 이르기를 왕이 존귀하게 하기를 원하시는 사람에게는 이같이 할 것이라 하게 하소서(에 6:7-9).

"좋은 생각이로군." 아하수에로가 말했다.

'좋은 생각이고말고.' 자만심 가득한 하만이 생각했다.

그다음은 성경에 나오는 가장 위대한 순간 중 하나다.

왕이 하만에게 명했다. "너는 네 말대로 속히 왕복과 말을 가져다가 대궐 문에 앉은 유다 사람 모르드개에게 행하되 무릇 네가 말한 것에서 조금도 빠짐이 없이 하라"(에 6:10).

곧 그날은 모르드개의 날이 되었다. 이 이야기의 첫 번째 반전을 보라. 하만은 모르드개를 교수대에 매달려고 했으나, 그러기는커녕 오히려 말 등에 오르게 했다. 하만은 모르드개를 교수대에 매달아 야유를 듣게 하려 했으나, 오히려 시가행진을 하며 환호성을 듣게 했다. 하만은 자신이 행진하게 되기를 바랐지만, 이제 모르드개의 행진을 돕는 굴욕을 당하게 되었다.[2]

시가행진이 끝난 후 "하만은 번뇌하여 머리를 싸고 급히 집으로 돌아가서 자기가 당한 모든 일을 그의 아내 세레스와 모든 친구에게" 말했다(에 6:12-13).

이런 일이 있을 줄 누가 알았겠는가? 이 같은 반전을 누가 상상이나 했겠는가? 오직 하나님만이 그리하실 수 있다.

하나님이 이 모든 것을 세세한 부분까지 계획하시고 인도하셨다. 잠 못 이루는 왕. 역대 일기의 낭독. 일기에 등장하는 모르드개 이야기. 왕을 만나러 온 하만. 복되시고 유일하신 주권자 외에 누가 이 모든 일을 할 수 있겠는가? 하나님은 "모든 일을 그의 뜻의 결정대로 일하시는 이"시다(엡 1:11).

세상에서 가장 세속적인 나라에서, 쾌락주의자인 왕의 마음속에서, 수천 명의 유대인에게 사형 선고를 내린 두 사람의 상호작용 속에서 하나님은 일하고 계셨다.

하나님은 지금도 일하고 계신다. 당신은 자신이 운이 없다고 생각하는가? 하나님조차 당신을 저버리셨다고 생각하는가? 인생이 주사위 놀음이라고 믿는가? 그리고 주사위가 당신에게 좋은 쪽으로 굴러간 적이 언제인지 기억조차 나지 않는가? 당신의 선행을 알아주는 이가 아무도 없는 것 같은가? 당신의 성실성이 보상받지 못할 것 같은가?

그렇다면 하만의 몰락과 모르드개의 영광을 생각하라. 하나님은 그들의 이야기를 역전시키셨다. 하만은 고위 관료로서 궁궐에 들어서며 하루를 시작했다. 모르드개는 베옷을 입고 재를 뒤집어쓴 채 자기 이름이 적힌 7층 높이의 교수대 그림자 속에서 기도하며 하루를 시작했다. 그러나 다음 순간 하만은 굴욕을 당했고, 모르드개에게는 궁궐 열쇠가 주어졌다. 유대인을 진멸하려는 하만의 계획은 하나님의 섭리의 손길 안에서 허사가 되었다.

다음번에 누군가에게서 "악마는 디테일에 있다"는 말을 듣거든 "하나님은 디테일에 계시다"라고 정정해주어라. 하나님은 작은 것들에까지 마음을 쓰신다. 하나님이 오랜 세월 무수한 사람들의 일상을 세세한 부분까지 돌보시기에 중요하지 않은 것들이 중요해진다.

나는 이것을 잘 보여주는 한 어머니를 안다. 그녀의 프라이버시를 존중하는 뜻에서 이름은 말하지 않겠지만, 지금부터 그녀의 이야기를 들려주려고 한다. 그녀는 삶을 끝내기로 했다. 살면서 겪는 시련이 너무 커서 감당이 안 되었기 때문이다. 그녀는 자신의 마지막을 자세히 계획했는데, 그중 하나가 아이에게 줄 책을 사는 것이었다. 그것은 작별 선물이 될 터였다.

그녀는 서점 주인에게 책을 추천해달라고 했고, 서점 주인은 그녀를 맥스 루케이도의 『일곱 가지 이야기』(Tell Me the Story)가 꽂혀 있는 서가로 안내했다. 그녀는 그 책을 샀다. 내가 그다음에 일어난 일을 아는 것은 그녀가 서점의 봉투 뒷면에다 내게 보내는 편지를 썼기 때문이다.

제가 이 편지를 쓰는 것은 선생님이 쓰신 근사한 책 『일곱 가지 이야기』에 대한 감사의 마음을 전하기 위해서입니다. 오늘 몇몇 사람들에게 줄 선물을 사러 서점에 갔거든요. 지난 몇 주 동안 저는 줄곧 자살을 생각했습니다. 저는 수년 동안 하나님이 계시다는 것을 실제로 믿고 또 느끼기 위해 애써왔어요. 이 책은 아이 중 한 명에게 작별 선물로 주려고 산 거예요. 어떤 내용인지는 몰라도 기독교 서적인 듯하고 표지가 예뻤거든요.

그다음 몇 시간 동안 울면서 운전을 했습니다. 아이들이 잠든 후 집에 들어가 선물을 놓아두곤 다시 나와서 영원히 사라져버릴 생각이었죠.

그런데 하나님이 저를 조금 우회하게 하셨어요. 차의 기름이 떨어져서 엔진에서 딸그락 소리가 나기 시작한 거예요. 주유소를 찾아다녔지만 모든 주유소가 이미 문을 닫은 후였어요. 집에 갔다가 다시 나와서 근처의 철길까지 가려면 차가 필요했기에 짜증이 났지요.

저는 근처 주차장에 주차한 뒤 선물을 정리하면서 아이들 한 명 한 명에게 편지를 썼어요. 그리고 어떤 이유에서인지 『일곱 가지 이야기』를 읽으면서 시간을 때우기로 했어요. 책은 정말 감동적이었어요. … 제가 다른 방식으로 예수님을 알 수 있을 것 같았어요. 그래서 오늘 밤에 죽기보다는 집에 가서 이 책을 다시 한번 읽어보기로 했지요. 저는 하나님과의 친밀한 관계를 원해요. … 이제 이 편지를 우체통에 넣고 집으로 돌아가 아이들에게 책을 읽어주려고 합니다.

왕은 잠을 이루지 못했다.

절망한 어머니가 책을 샀다.

그리고 어느 유대인 의사가 러시아의 감옥에 수감된 알렉산드르(Aleksandr)에게 그의 기독교 신앙을 전했다.

알렉산드르의 이야기는 1918년에 시작된다. 그가 태어날 무렵, 러시아는 장차 사람들을 굶주리게 하고 반대파를 무자비하게 숙청할 사회주의가 득세하고 있었다. 총명하고 조숙한 아이였던 알렉산드르는 아홉 살 때부터 자신이 작가가 되고 싶어 한다는 것을 알았다. 그는 외숙모의 서재에서 도스토옙스키와 톨스토이를 비롯한 러시아 문호들의 작품을 읽었다.

알렉산드르는 외숙모인 이리나를 통해 러시아 정교회를 접했지만, 성인기에 들어설 때쯤에는 마르크스와 레닌에 경도되어 그들의 저작을 탐독했다. 그는 대학에서 스탈린 장학금을 받았고, 촉망받는 작가 혹은 학자의 길을 걸었다. 그러던 중에 제2차 세계대전이 발발했다.

모스크바가 포위되었고, 알렉산드르는 운송을 담당하는 부대에 징집되었다. 군대에서 그는 학문적인 업적과 교양 있는 말투로 인해 조롱거리가 되었고, 그런 그에게 군인으로서의 삶은 삶이 아니었다.

그러나 장차 있을 일에 비하면 그것은 꿈같은 나날이었다. 알렉산드르는 첩자와 연루된 혐의로 1945년 2월 9일에 체포되었다. 그는 무언가 잘못되었으며 자신은 곧 풀려나리라고 확신했지만, 그의 생각은 빗나갔다. 알렉산드르는 소비에트 전체주의의 무시무시한 저류 속으로 빨려들어갔으며, 그 후 8년간 여러 감옥을 전전했다. 다른 감옥보다 조금 나은 곳도 있었지만, 모든 감옥은 불길한 그림자를 드리우고 있었다. 사회주의 정권에 대한 그의 믿음은 점차 사그라들었다. 하지만 무엇으로 이를 대체할 것인가?

어린 시절의 믿음이 되살아나기 시작했다. 알렉산드르는 감옥 안에서 그리스도인 지식인들을 만났고, 그들과의 만남은 그의 믿음이 자라는 데 큰 영향을 미쳤다. 그러나 결정적인 계기는 1952년 1월, 그의 사타구니에 통증을 수반한 커다란 혹이 생기면서 찾아왔다. 그것은 악성 종양으로 진단되었다. 알렉산드르는 수술을 받고 나서 회복 중일 때 그리스도인이 된 지 얼마 안 된 유대인 의사의 방문을 받았다.[3]

알렉산드르는 훗날 그때의 상황을 다음과 같이 묘사했다.

> 그는 자신이 유대교에서 기독교로 개종한 기나긴 이야기를 열정적으로 들려주었다. … 나는 새롭게 회심한 사람의 확신과 열정 가득한 말에 놀

랐다. … 그의 얼굴은 볼 수 없었다. 창밖으로 보이는 점점이 흩어진 불빛과 문틈으로 새어 들어오는 복도의 노란색 전등 빛 외에는 온통 암흑이었기 때문이다. 하지만 그가 들려주는 이야기는 참으로 신비로워서 나는 몸이 떨려왔다.[4]

나중에 밝혀진 바에 의하면 이것이 그 의사가 이승에서 나눈 마지막 대화였다. 다음 날 그는 첩자로 의심을 받고 맞아 죽었다. 알렉산드르는 그와의 대화를 결코 잊지 못했다.

그는 곧 그 의사의 뒤를 따라 메시아의 제자가 되었다. 그리스도에 대한 열정과 글쓰기에 대한 사랑, 자유에 대한 헌신은 그로 하여금 많은 사람이 문학사에 길이 남을 걸작이라고 생각하는 작품들을 쓰게 했다. 앞서 그의 이름을 소개했지만, 이제 그의 성을 밝히고자 한다. 아마 당신도 아는 사람일 것이다. 그는 솔제니친(Solzhenitsyn)이다.

지금은 고전이 된 『수용소 군도』에서 그는 자신의 회심에 대해 이렇게 묘사했다.

하지만 이제 생수가 가득 담긴 잔이
내게 돌아왔습니다.
온 우주를 창조하신 하나님! 저는 다시금 믿습니다!
한때 당신을 부인했지만, 그때도 당신은 저와 함께 계셨습니다![5]

어떤 사람들은 동유럽 사회주의가 붕괴된 이유 중 하나로 솔제니친의 글을 꼽기도 한다. 무신론을 기반으로 세워진 그 깊숙한 감옥에서 한 사람이 그리스도께 나아오고 전 세계에 영향을 미치리라고 누가 상상이나 했겠는가?

하지만 또 다른 반전이 아직 남아 있다.

당신에게 찾아올 반전이. 하나님이 일하고 계신다는 것을 생각하라. 하나님이 당신의 삶 속에서 전진하시는 것처럼 전진하라. 의심과 두려움의 목소리에 귀 기울이지 말라. 시련에 움츠러들지 말라.

하나님의 손길이 보이지 않는다고? 하나님의 방식을 이해할 수 없다고? 그래도 괜찮다. 당신이 아는 바를 행하고 알지 못하는 것에 대해서는 인내심을 가지라. "오직 여호와를 앙망하는 자는 새 힘을 얻으리니"(사 40:31).

세상이 궤도를 이탈한 듯 보이거든 나비의 날갯짓이 아니라 하나님이 역사의 흐름을 결정하신다는 진리를 굳게 붙잡으라. 하나님은 에스더 시대에도 그렇게 하셨고, 지금도 그렇게 하신다.

묵상을 위한 질문

1. 당신은 나비효과, 즉 우리의 삶이 운이나 우연에 의해 좌우된다는 아이디어에 대해 어떻게 생각하는가?

   - 당신은 모든 것이 하나님의 섭리에 따라 이루어진다는 아이디어에 대해 어떻게 생각하는가?
   - 당신이 살면서 겪은 이런저런 일들과 관련하여 하나님이 어떤 역할을 하셨다고 생각하는가?
   - 이 같은 생각은 어디에서 왔는가?
   - 그 생각은 세월이 지나면서 달라졌는가? 만약 그렇다면, 어떻게 달라졌고 왜 달라졌는가?

2. 당신은 우연의 일치라고 하기에는 모든 것이 너무나 절묘하게 맞아떨어지는 사건을 경험한 적이 있는가? 그 배후에 어떤 신적인 존재가 있었으리라는 확신이 드는 그런 일을 경험한 적이 있는가? 만약 그렇다면, 그때 어떤 일이 있었는지 설명하라. 그 일은 당신의 믿음에 어떤 영향을 미쳤는가?

3. 아하수에로 왕과 에스더와 함께 만찬을 즐긴 하만은 무척 기분이 좋았으나 모르드개를 본 순간 화가 치솟았다. 그는 이렇게 말했다. "그러나 유다 사람 모르드개가 대궐 문에 앉은 것을 보는 동안에는 이 모든 일이 만족하지 아니하도다"(에 5:13).

   - 하만이 모르드개에게 그토록 화가 난 이유는 무엇이라고 생각하는가?
   - 그 결과 하만은 모르드개를 어떻게 하기로 했는가?
   - 하만이 왜 그렇게 극단적으로 반응했다고 생각하는가?

4. 모르드개의 처형 무대가 마련되었지만, 일련의 사건이 그의 운명을 바꿔놓았다.

- 그 사건들은 무엇인가?
- 각각의 사건은 다른 사건들에 어떤 영향을 미쳤는가?
- 그 결과 모르드개에게 어떤 일이 일어났는가?
- 이 사건들은 이 이야기와 관련한 하나님의 개입에 대해 무엇을 말해주는가?
- 이 사건들은 우리의 삶과 관련한 하나님의 개입에 대해 무엇을 말해주는가?

5. 결과적으로 그의 목숨을 구한 이 일련의 사건에서 모르드개는 무엇을 할 수 있었는가?

- 이는 우리가 삶을 통제하려는 것에 대해 무엇을 말해주는가?
- 이는 성실성(integrity)의 가치에 대해 무엇을 말해주는가?

6. 당신이나 당신과 가까운 누군가가 부당하게 비난을 받은 적이 있는가?

- 그런 경험이 그토록 괴로운 이유는 무엇인가?
- 당신은 그 상황을 바로잡으려고 노력해보았는가? 만약 그렇다면, 어떤 노력을 기울였으며, 그 결과는 어떠했는가?
- 모르드개의 이야기는 하나님의 백성이 성실성과 하나님의 백성이라는 이름을 유지하는 것과 관련하여 하나님이 하시는 역할에 대해 무엇을 말해주는가?

7. 저자는 묻는다. "당신은 자신이 운이 없다고 생각하는가? 하나님조차 당신을 저버리셨다고 생각하는가? 인생이 주사위 놀음이라고 믿는가? 그리고 주사위가 당신에게 좋은 쪽으로 굴러간 적이 언제인지 기억조차 나지 않는가?"(151쪽) 이 질문들이 마음에 와닿는가? 만약 그렇다면, 당신의 삶 가운데 일어난 어떤 일들이 당신으로 하여금 하나님이나 운명이 당신 편이 아니라고 믿게 했는가?

8. 자살을 고민한 어머니의 이야기는 당신에게 어떤 영향을 미쳤는가? 그 어머니는 어떻게 해서 『일곱 가지 이야기』를 읽게 되었으며, 그 결과 어떤 일이 일어났는가?

- 이 이야기의 어떤 부분이 가장 감동적이었는가?
- 하나님은 어떤 식으로 그 어머니의 삶과 자녀들의 삶에 개입하셨는가?
- 당신은 한동안 하나님의 임재를 느끼지 못하다가 하나님을 만난 적이 있는가? 그때의 경험을 이야기해보라.

9. 저자는 알렉산드르 솔제니친의 이야기도 들려준다. 솔제니친은 어떻게 해서 그리스도인이 된 지 얼마 안 된 의사를 만나게 되었으며, 그 결과 어떤 일이 일어났는가?

- 당신은 이 이야기에 대해, 특히 그 의사와의 만남이 있기 전에 솔제니친이 믿음을 포기한 것에 대해 어떻게 생각하는가?
- 하나님은 어떤 식으로 솔제니친의 삶에 개입하셨는가?
- 당신은 자신이 하나님을 믿지 않는다고 생각하는 동안에도 하나님을 만난 적이 있는가? 만약 그렇다면, 그때의 경험을 이야기해보라.

10. 믿음이 부족할 때나 힘든 시기에는 하나님이 우리 삶의 아주 작은 부분에까지 개입하신다는 것을 믿기 힘들다. 하지만 저자는 이런 때에도 하나님이 일하고 계신다는 것을 생각해야 한다고 말한다. "하나님이 일하고 계신다는 것을 생각하라. 하나님이 당신의 삶 속에서 전진하시는 것처럼 전진하라. 의심과 두려움의 목소리에 귀 기울이지 말라. 시련에 움츠러들지 말라."(156쪽)

- 하나님이 당신의 삶 속에서 전진하신다고 진정으로 믿으면 어떻게 될까? 당신의 행동과 생각, 믿음이 어떻게 달라질까?
- 당신의 삶에서 이 같은 믿음이 필요한 영역은 어디인가? 하나님이 일하고 계신다는 것을 정말로 믿는다면, 그다음에는 무엇을 하고자 하는가?

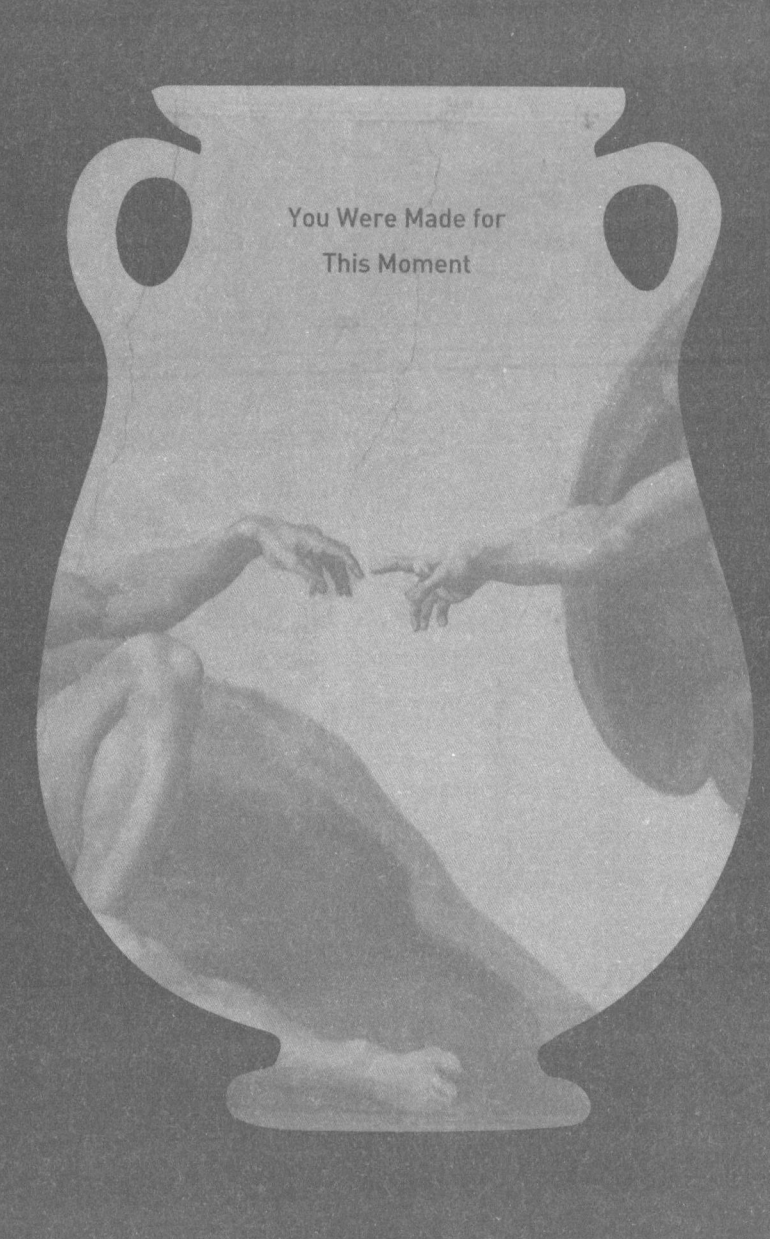

8장

악인은 승리하지 못할 것이다

1962년에 방영된 TV 드라마 "환상특급"(The Twilight Zone)의 한 에피소드에는 허황되고 잔인한 남자의 이야기가 나온다. 그는 거대한 음모론에 대한 믿음에 갇혀 아파트를 벙커 삼아 생활한다. 그에 의하면 오직 자신만이 세상을 있는 그대로 보는데, 그의 눈에 비친 세상은 죽어 마땅한 자들이 사는 곳이다.

이 에피소드는 드라마의 다른 모든 에피소드처럼 제작자이자 내레이터인 로드 설링(Rod Serling)의 설명으로 시작한다. 그는 자기 생각에 갇혀 사는 이 인물을 소개한다. "이 사람이 바로 불쾌한 언행을 일삼는 올리버 크랭글입니다." 그런 다음, 설링은 크랭글이 "편견에 사로잡힌 반미치광이에서 무시무시한 복수의 화신으로 변신"하는 것에 대해 이야기한다.

크랭글은 공감 능력이 없는 사람이다. 그는 일면식도 없는 사람들에게 분노한다. 그들의 고용주에게 그 사람들을 해고할 것을 요구하는 한편 사법 당국에 그들을 체포할 것을 요청한다. 크랭글은 스스로 재판관이 되어 다른 모든 사람에게 유죄 선고를 내린다.

그는 마음에 들지 않는 사람들을 죄다 없앨 계획을 세운다. 그러고는 FBI에 연락해서 오후 4시면 세상의 모든 악인을 찾아내기 쉬울 것이라고 알린다. 그는 그들을 50센티미터 크기로 쪼그라뜨릴 것이다.

마침내 정의가 이루어질 것이다. 악인들은 체포될 것이고, 그는 영웅이 될 것이다. 운명의 시간이 다가올 때 크랭글은 흥분이 되어 어찌할 바를 모른다. 오후 4시가 되자 그는 기대감을 안고 창가로 달려간다. 그러나 맙소사, 창밖을 내다보기에는 그의 키가 너무 작다. 쪼그라든 것은 다른 사람들이 아니라 크랭글 자신이었다. 그는 키가 50센티미터로 줄어들어 있었다.[11]

당신은 크랭글 같은 사람을 아는가? 크랭글처럼 편협하고, 자기중심적이고, 오만하고, 야비한 사람을 만난 적이 있는가? 다른 사람들을 경멸하고, 괴롭히고, 학대하고, 노예로 삼고, 죽이려고까지 하는 사람을 본 적이 있는가?

하만은 크랭글 같은 사람이었다. 에스더 이야기에 등장하는 악인은 자신이 지배하는 세상에 살았다. 다른 사람들은 모두 그를 섬기기 위해 존재했다. 그들 중 하나가 고개를 숙이지 않았을 때 하만은 그와 그의 동족에게 사형 선고를 내렸다. 그러나 하만의 오만함은 오래가지 못했다. 그의 공포 정치는 아하수에로의 연회장에서 막을 내렸다.

> 왕이 하만과 함께 또 왕후 에스더의 잔치에 가니라 왕이 이 둘째 날 잔치에 술을 마실 때에 다시 에스더에게 물어 이르되 왕후 에스더여 그대의 소청이 무엇이냐 곧 허락하겠노라 그대의 요구가 무엇이냐 곧 나라의 절반이라 할지라도 시행하겠노라(에 7:1-2).

이번 잔치는 두 번째 잔치였다. 첫 번째 잔치가 열린 후 많은 일이 있었다. 하만은 모르드개를 죽일 음모를 꾸몄고, 아하수에로는 모르드개의 공을 인정하여 그를 존귀하게 했다. 우러름을 받고자 했던 하만은 굴욕을 당했고, 하만을 우러르기를 거부한 모르드개는 영화롭게 되었다. 하만은 어찌나 분하고 속이 상했던지 하마터면 잔치에 참석하는 것도 잊을 뻔했다.

두 번째 잔치는 모든 면에서 첫 번째 잔치만큼 훌륭했다. 술이 넘쳐났고 음식도 풍성했다. 잔치 분위기가 하만으로 하여금 비참한 기분을 잊게 했다. 그가 술을 한 잔 더 따르려는 순간 왕이 왕비에게 청이 있으면 말하라고 했다. 왕은 전에도 같은 질문을 했다. 에스더는 전에는 사양했지만, 이번에야말로 원하는 것을 말할 시점이었다. 에스더가 대답할 때 그녀의 심박수가 세 자릿수를 기록했을 것이 틀림없다.

8장 악인은 승리하지 못할 것이다 / 163

왕이여 내가 만일 왕의 목전에서 은혜를 입었으며 왕이 좋게 여기시면 내 소청대로 내 생명을 내게 주시고 내 요구대로 내 민족을 내게 주소서 나와 내 민족이 팔려서 죽임과 도륙함과 진멸함을 당하게 되었나이다 만일 우리가 노비로 팔렸더라면 내가 잠잠하였으리이다 그래도 대적이 왕의 손해를 보충하지 못하였으리이다(에 7:3-4).

핵심 어구는 지극히 평범한 말들이다. "내가… 내… 내 민족… 죽임과… 진멸함을 당하게… 만일 우리가 노비로 팔렸더라면…"

페르시아의 왕비 에스더는 자신이 유대인임을 밝혔다. 자신의 운명이 민족의 운명과 하나가 되게 한 것이다. 방 안에 침묵이 드리워졌다. 왕은 머리가 빙글빙글 도는 것 같았다. 그는 작은 점들을 연결하려고 애썼다. '누군가 유대인들을 죽이려 한다고? 그리고 당신이 유대인이라고? 누군가 나의 왕비를 죽이려 한다고?'

왕이 왕후 에스더에게 말하여 이르되 감히 이런 일을 심중에 품은 자가 누구며 그가 어디 있느냐 하니 에스더가 이르되 대적과 원수는 이 악한 하만이니이다 하니 하만이 왕과 왕후 앞에서 두려워하거늘(에 7:5-6).

하만은 몸을 웅크리고 덜덜 떨기 시작했다. 그는 의지할 데가 없었다. 그의 손에서 술잔이 떨어졌다.

아하수에로는 격노하여 방을 뛰쳐나갔다. 그는 자신을 바보로 만든 하만에게 화가 났고, 바보짓을 한 자신에게 화가 났다.

하만의 얼굴에서 핏기가 가셨다. 빨리 무언가를 하지 않으면 곧 그의 온몸에서 피가 빠져나갈 터였다.

하만은 에스더의 자비에 몸을 맡겼다. 말 그대로 그는 그녀가 앉아 있는 의자에 몸을 던졌다. 아하수에로는 다시 방에 들어오다가 왕비의 몸을 더듬고 있는 하만을 보았다. 자기 앞에서 몸을 낮추지 않았다고 유대인을 죽이려 했던 하만이 이제는 유대인 앞에서 몸을 낮추다가 왕의 오해를 샀다.

보초들이 하만의 얼굴을 싸서 데리고 나갔다(에 7:8). 내시 중 하나가 하만이 모르드개를 매달려고 준비한 교수대를 보고 말했다. "제게 좋은 생각이 있습니다, 전하…" 아하수에로는 고개를 끄덕였고, 하만은 그 의미를 이해했다.

아직은 해결되어야 할 문제(이를테면 유대인을 죽이라는, 변경 불가능한 왕의 칙령 같은 것)가 더 남아 있지만, 우리는 이 책의 중심 주제를 강조할 필요가 있다.

그것은 바로 우리 하나님은 공정하신 하나님이라는 것이다. 하나님의 시야를 벗어날 수 있는 것은 아무것도 없다. 하나님의 시야를 벗어날 수 있는 사람은 아무도 없다. 악인들은 승리하지 못할 것이다.

벨사살은 이 진리를 몸소 체험했다. 그는 BC 539년 바빌로니아의 왕이 되었다. 이때는 아하수에로의 치세로부터 약 53년 전이다.

벨사살은 귀족 1,000명을 초대하여 잔치를 베풀었다. 연회장은 너비가 1,650피트(약 500미터)에 길이가 1마일(약 1,600미터)쯤 되는데 "거대한 코끼리 모양의 기둥 4,500개가 벽의 일부를 이루고 있었다."[2] 연회에는 음악과 음식이 있었고, 짐작하다시피 술이 넘쳐났다.

> 벨사살이 술을 마실 때에 명하여 그의 부친 느부갓네살이 예루살렘 성전에서 탈취하여 온 금, 은 그릇을 가져오라고 명하였으니 이는 왕과 귀족들과 왕후들과 후궁들이 다 그것으로 마시려 함이었더라 이에 예루살렘 하나님의 전 성소 중에서 탈취하여 온 금 그릇을 가져오매 왕이 그 귀족들과 왕후들과 후궁들과 더불어 그것으로 마시더라 그들이 술을 마시고는 그 금, 은, 구리, 쇠, 나무, 돌로 만든 신들을 찬양하니라(단 5:2-4).

약 50년 전에 느부갓네살의 군대가 예루살렘 성전을 약탈하고 불태웠을 때 그들은 값나가는 것은 모조리 가져갔다. 여기에는 촛대와 분향단, 진설병을 두는 상, 대접, 물주전자 등이 포함되어 있었다. 모두 벨사살이 이 잔치를 열 때까지 반세기 동안 창고에 처박혀 있던 것들이다. 왕은 성전의 그릇을 술잔으로 사용하도록 명했다.

왜 그랬을까? 술잔이 부족해서? 식기세척기가 고장 나서? 요리사들이 파업해서? 모두 아니다. 이유는 단 하나, 왕이 이스라엘의 하나님을 모욕하고자 했기 때문이다. 벨사살은 여호와를 조롱했다. 그는 성전에서 사용하는 물건들을 술 취한 이교도들의 연회에 사용했다. 그의 신성모독적 행위가 하나님의 시야를 벗어날 수는 없었다. 어둠 속에서 신비로운 손이 나타났다.

> 그 때에 사람의 손가락들이 나타나서 왕궁 촛대 맞은편 석회벽에 글자를 쓰는데 왕이 그 글자 쓰는 손가락을 본지라 이에 왕의 즐기던 얼굴빛이 변하고 그 생각이 번민하여 넓적다리 마디가 녹는 듯하고 그의 무릎이 서로 부딪친지라(단 5:5-6).

상상이 되는가? 갑자기 공중에서 손 하나가 나타났다. 그것은 램프 빛 속을 떠다니더니 손가락으로 석회벽에 글자를 썼다. 방 안은 쥐 죽은 듯이 조용했다. 벨사살은 몸을 바들바들 떨다가 쓰러지고 말았다. 그의 조소를 머금은 얼굴은 일그러진 얼굴로 바뀌었고, 그의 과시적인 태도는 처량한 울먹임으로 바뀌었다. 그에게는 자신의 심장 소리 외에는 다른 아무것도 들리지 않았다.

사람들은 벽에 쓰인 글자를 해독하지 못했다. 왕은 점술가들과 현자들을 불러 글자를 해석하는 사람에게 부와 권력을 나눠주겠노라고 말했다(단 5:7). 그러나 그들은 짐작조차 하지 못했다.

왕비가 그 소식을 듣고 연회장으로 왔다. 그녀는 왕에게 말했다. "왕의 생각을 번민하게 하지 말며 얼굴빛을 변할 것도 아니니이다 왕의 나라에 거룩한 신들의 영이 있는 사람이 있으니 … 다니엘을 부르소서 그리하시면 그가 그 해석을 알려 드리리이다"(단 5:10-12).

다니엘이 불려왔다. 이때쯤 그는 머리가 희끗희끗하고 등이 살짝 굽어 있었다. 하지만 그의 정신과 믿음만은 강철처럼 예리했다. 벨사살은 다니엘에게 돈과 권력을 약속했다. 그러나 다니엘은 둘 다 사양한 뒤, 하나님이 어떻게 벨사살의 아버지에게 한동안 온전치 못한 정신으로 살아가는 벌을 주셨는지를 상기시켰다. 벨사살은 그런 아버지를 보면서 조심해야 했으나 그러지 않았던 것이다.

벨사살이여 왕은 그의 아들이 되어서 이것을 다 알고도 아직도 마음을 낮추지 아니하고 도리어 자신을 하늘의 주재보다 높이며 … 이러므로 그의 앞에서 이 손가락이 나와서 이 글을 기록하였나이다 기록된 글자는 이것이니 곧 메네 메네 데겔 우바르신이라 그 글을 해석하건대 메네는 하나님이 이미 왕의 나라의 시대를 세어서 그것을 끝나게 하셨다 함이요 데겔은 왕을 저울에 달아 보니 부족함이 보였다 함이요 베레스는 왕의 나라가 나뉘어서 메대와 바사 사람에게 준 바 되었다 함이니이다 하니 … 그 날 밤에 갈대아 왕 벨사살이 죽임을 당하였고 메대 사람 다리오가 나라를 얻었는데 그 때에 다리오는 육십이 세였더라(단 5:22-31).

다니엘이 예언을 설명하는 바로 그때, 메디아-페르시아 군대는 공격 태세를 갖추고 지하 수로로 잠입하는 중이었다. 벨사살로서는 전혀 예상치 못한 공격이었다. 점령은 신속하고 전격적으로 이루어졌다. 강력한 나라 바빌로니아가 무너지고 벨사살은 죽임을 당했다. 이는 우리의 하나님이 공정하신 하나님임을 상기시켜준다.

"그러므로 하나님의 인자하심과 준엄하심을 보라"(롬 11:22). 인자하심과 준엄하심. 이 둘 중 어느 하나만 취하고 다른 하나를 무시할 수는 없다. 하나님은 인자하시다. 하지만 동시에 준엄하시다.

우리는 하나님 아버지의 준엄하심에 대해서는 거의 이야기하지 않는다. 그렇다면 하나님의 친절하심에 대해서는? 여기에 대해서는 종종 이야기한다. 하나님의 용서하심에 대해서는? 이것은 많은 설교의 주제다. 하나님의 자비를 노래하는 찬송가는 얼마나 되는가? 이루 헤아릴 수 없을 만큼 많다. 하나님의 분노와 최후의 심판에 관한 찬송가는? 그리 많지 않다.

그러나 성경은 이 주제에 대해 말하기를 주저하지 않는다. 나는 호기심에 성경에서 이 두 주제가 언급된 횟수를 비교해보았다. 하나님의 분노에 대해서는 150번, 그리고 하나님의 자비에 대해서는 32번 언급되어 있었다.[31] 하나님의 인자하심을 선포하는 것은 분명 옳은 일이다. 그러나 하나님의 준엄하심을 부인하는 것은 잘못이다. 하나님은 그분을 믿는 사람들에게는 은혜를 베푸시고 그분을 부인하는 사람들에게는 벌을 내리신다.

이는 어떤 사람들에게는 경고의 말이 될 것이다. 하나님이 반역과 악행에 눈감으시리라고는 단 한 순간도 생각지 말라. "하나님께서 각 사람에게 그 행한 대로 보응하시되"(롬 2:6). 오늘의 간음은 내일의 이혼으로, 오늘의 탐닉은 내일의 중독으로 이어진다. 오늘의 부정행위는 내일의 해고로 이어진다. 무엇보다도 이 세상에서 당신이 하나님을 부인하면 다음 세상에서 하나님이 당신을 부인하실 것이다.

다른 사람들에게 이것은 위안의 말이 될 것이다. 하만 같은 사람들은 이 세상을 좀먹는다. 그리고 그들이 그렇게 할 때 계절은 겨울로 넘어가고 찬 바람이 불기 시작한다. 우리는 속으로 생각한다. '하나님은 하만 같은 자들이 무슨 짓을 하는지 아실까? 하나님은 내가 겪는 고통에 마음을 쓰실까? 하만 같은 자들이 과연 심판받기는 할까?'

혹은 시편 기자의 말을 빌려 이렇게 물을 수도 있을 것이다. "주여 어느 때까지 관망하시려 하나이까"(시 35:17). 아니면 예레미야와 같은 질문을 할 수도 있을 것이다. "악한 자의 길이 형통하며 반역한 자가 다 평안함은 무슨 까닭이니이까"(렘 12:1). 악행을 일삼는 자들이 벌을 받지 않고 넘어가지는 않을까? 사람들을 괴롭히는 자들이 자유롭게 거리를 활보하지는 않을까? 하만이나 히틀러 같은 자들이 살인을 저지르고도 무사하지는 않을까?

성경은 절대 그렇지 않다고 말한다. 하나님은 "천하를 공의로 심판할 날을 작정"하셨다(행 17:31). 당신을 괴롭히는 사람이 있는가? 하나님은 아신다. 가난한 사람들의 돈을 착복하는 공무원이 있는가? 하나님은 아신다. 벌컥벌컥 화내는 괴팍한 사람이나 성희롱을 일삼는 여성 혐오자, 약자를 못살게 구는 불량배가 있는가? 하나님은 아신다.

그렇다면 무고한 사람들은? 얼마나 많은 사람이 강제노동 수용소에서 노역을 하거나 성매매의 희생자로 살아가는가? 하나님은 그들 모두를 아신다. "하나님은 의로우신 재판장이심이여 매일 분노하시는 하나님이시로다"(시 7:11).

하나님은 의로운 분노로 가득하시다. 그분은 고통받는 사람들의 일에 개입하도록 당신과 나를 부르신다. "귀를 막고 가난한 자가 부르짖는 소리를 듣지 아니하면 자기가 부르짖을 때에도 들을 자가 없으리라"(잠 21:13).

우리가 "하나님, 어떻게 좀 해주세요!" 하고 외칠 때 하나님은 "이미 조치를 취했다. 너를 창조하지 않았느냐?" 하고 말씀하신다.

이사야 선지자는 불의와 부도덕이 만연한 시대에 살았다. "성실이 없어지므로 악을 떠나는 자가 탈취를 당하는도다 여호와께서 이를 살피시고 그 정의가 없는 것을 기뻐하지 아니하시고 사람이 없음을 보시며 중재자가 없음을 이상히 여기셨으므로"(사 59:15-16).

하나님의 백성이 정의를 바라는 것만으로는 충분하지 않았다. 하나님은 정의를 행하도록 그들을 부르셨다.

내가 기뻐하는 금식은

압박의 사슬을 풀어 주고

모든 멍에를 꺾어 버리며

억압당하는 자를 자유롭게 하는 것이다.

너희는 굶주린 자에게 너희 음식을 나눠 주고

집 없이 떠돌아다니는 가난한 사람을 너희 집으로 맞아들이며

헐벗은 자를 보면 입히고

도움이 필요한 너희 친척이 있으면

외면하지 말고 도와주어라.

그러면 내 은혜의 빛이 아침 햇살처럼

너희에게 비칠 것이니

너희 상처가 속히 치료되고

내가 항상 너희와 함께하여

사방으로 너희를 보호하겠다.

그리고 너희가 기도할 때 내가 응답할 것이며

너희가 도와 달라고 부르짖을 때

'내가 여기 있다' 하고 대답할 것이다.

(사 58:6-9, 현대인의 성경)

정의는 우리가 하나님의 의로우신 손길과 함께하는 만큼 이루어진다. 당신이 그렇게 할 때, 즉 장애아에게 걷기와 읽기를 가르칠 때, 눈이 침침하거나 기억력이 감퇴해가는 노인을 돌볼 때, 사회적 약자와 억압받는 사람들을 도울 때, 그럴 때 당신은 다음 세상에서도 계속될 무언가를 이루는 것이다. 예술 작품이나 오래된 자동차, 노후화된 집을 복원하는 것은 근사한 일이다. 그러나 인간의 존엄성을 회복하는 것은 거룩한 일이다. 찰스 멀리(Charles Mulli)가 하는 일이 바로 그런 일이다.

그는 케냐 마차코스 카운티의 한 작은 마을에서 10남매 중 맏이로 태어났다. 그의 아버지는 난폭한 사람이었다. 멀리는 매우 가난하게 자랐다. 그는 그가 여섯 살 때 친척 아주머니에게 맡겨졌다. 그는 이 마을 저 마을, 이 집 저 집을 돌아다니며 밥을 빌어먹었다. 학대받고 버림받은 기억 때문에 그는 한때 자살을 고민하기도 했다. 구원은 교회의 초청이라는 형식으로 찾아왔다. 멀리는 열여덟 살 때 예수님을 알게 되었고, 그 과정에서 더 나은 미래를 꿈꿀 힘을 얻었다.

그는 나이로비까지 70킬로미터를 걸어가서 집마다 찾아다니며 일자리를 알아보았고, 그리하여 한 부유한 사업가의 집에 일꾼으로 고용되었다. 새로운 출발에 기운을 얻은 멀리는 열심히 일해서 그 사업가가 경영하는 회사의 임원으로까지 승진했으며, 나중에는 자기 사업을 시작하게 되었다. 그가 설립한 멀리웨이즈(Mullyways)는 수도인 나이로비와 시골 마을 사이를 오가는 교통편을 제공하는 회사다. 그는 곳곳에서 성공을 거두었고, 사업 분야를 석유와 가스, 부동산으로까지 확장했다. 그리고 은퇴 후의 삶을 위해 은달라니 지역에 50에이커의 땅을 매입하기까지 했다.

그의 이야기는 어느 날 그가 출장을 가면서 전환점을 맞았다. 거리의 아이들이 그에게 돈을 낼 테니 그의 승용차를 보게 해달라고 졸랐다. 그는 거절하고 차를 주차해둔 곳으로 왔는데, 그곳에 있어야 할 차가 사라지고 없었다. 집까지 버스를 타고 가면서 그는 마음이 괴로웠다. 차를 도둑질한 사람들에 대한 분노 때문이 아니라 자신에 대한 실망 때문이었다. 그는 자신의 어린 시절을 잊고 거리의 아이들을 무시했다. 하지만 그 아이들은 예전의 그와 같은 처지가 아닌가!

멀리는 3년간 자기 양심과 씨름했다. 그리고 마침내 50세가 되던 1989년 12월, 회사를 떠나 거리의 아이들을 돕기로 했다. 그는 하나님의 음성을 들었다. "내 아이들을 고통 가운데 두지 마라. 너는 그들을 구해야 하고, 고아들의 아버지가 되어야 한다." 멀리에게는 이미 여덟 명의 자녀가 있었지만, 그와 아내는 거리의 아이 세 명을 입양했다. 그로부터 6년 뒤, 그들은 300명의 아이들을 돌보고 있었다. 내가 이 책을 쓰고 있는 지금, 그가 세운 선교회의 여섯 개 지부에서는 3,500명가량의 아이들을 돕고 있으며, 지금까지 선교회의 도움을 받은 아이들은 모두 2만 3,000명에 이른다.

멀리는 이렇게 설명했다. "나는 아이들을 구하겠다는 단 한 가지 목적을 가지고 거리로 나갔습니다. 모든 어린이는 음식과 사랑, 생활 공간, 교육, 보호, 밝은 미래를 필요로 합니다. 그렇다면 누가 그리스도의 사랑으로 그들에게 다가가겠습니까? 나는 그 아이들 중 하나였습니다. 나는 잃어버린 바 된 자였습니다."[4]

멀리는 해결책의 일환이 되었다.

우리가 이 같은 일을 할 때, 하나님의 도우시는 손길과 함께할 때 정의는 살아나고 억압은 한쪽 구석으로 숨는다.

하나님이 정의의 천칭을 균형 맞추실 날은 분명히 온다. 영광스러운 새 왕국은 번영과 정의로 특징지어질 것이다. 다음 세상에는 구호단체나 복지 프로그램, 노숙자 쉼터 등이 필요치 않을 것이다. 하나님은 이렇게 약속하셨다.

그들이 건축한 데에

타인이 살지 아니할 것이며

그들이 심은 것을 타인이 먹지 아니하리니

이는 내 백성의 수한이 나무의 수한과 같겠고

내가 택한 자가 그 손으로 일한 것을 길이 누릴 것이며

그들의 수고가 헛되지 않겠고

그들이 생산한 것이 재난을 당하지 아니하리니

그들은 여호와의 복된 자의 자손이요

그들의 후손도 그들과 같을 것임이라

(사 65:22-23, 새번역 성경)

그러니 그때까지 의를 위해 하나님과 동역하자. 구원은 성취될 것이고, 우리는 그 과정에 참여할 수 있다. 짓밟힌 사람들을 위해 일어나자. 가난한 사람들의 편에 서자. 잊힌 사람들의 고난을 기억하고, 그렇게 함으로써 하나님께 인정받는 기쁨을 누리자.

세상의 수많은 하만을 친절과 사랑으로 침묵하게 하는 것은 우리 각자가 하기에 달렸다. 우리가 잊힌 사람들을 대변하고 짓밟힌 사람들을 위해 분연히 일어날 때 정의는 기회를 얻고, 사탄은 경기를 일으킨다. 사탄은 창밖을 내다볼 수도 없다. 어쨌거나 그는 키가 겨우 50센티미터에 불과하므로.

묵상을 위한 질문

1. 당신의 삶에서 하만 같은 사람은 누구인가? 편협하고 자기중심적인 사람, 당신의 신경을 긁는 사람은 누구인가? 그 사람은 당신이 아는 사람일 수도 있다.

   - 당신은 그 사람에 대해 어떻게 느끼는가?
   - 그 사람이 변화하는 데는 무엇이 필요하다고 생각하는가?

2. 에스더가 아하수에로에게 한 말은 상황을 반전시켰다.

   "왕이여 내가 만일 왕의 목전에서 은혜를 입었으며 왕이 좋게 여기시면 내 소청대로 내 생명을 내게 주시고 내 요구대로 내 민족을 내게 주소서 나와 내 민족이 팔려서 죽임과 도륙함과 진멸함을 당하게 되었나이다 만일 우리가 노비로 팔렸더라면 내가 잠잠하였으리이다 그래도 대적이 왕의 손해를 보충하지 못하였으리이다"(에 7:3-4).

   - 에스더의 말에서 특히 눈에 띄는 점은 무엇인가?
   - 왕과 하만에게 유대인이라는 자신의 정체성을 밝힐 때 에스더는 어떤 기분이었을까?
   - 당신은 인생의 어느 때에 당신 본연의 모습이나 당신이 믿는 것을 드러내 보일 마음이 들었는가?
   - 그런 부분을 드러내 보일 때 어떤 기분이 들었는가?

3. 하만에게 무슨 일이 일어났는가?

   - 하만의 이야기를 읽고 어떤 기분이 들었는가?
   - 악인이 벌을 받는 것을 보면 기분이 좋아지는 이유가 무엇이라고 생각하는가?

- 하만의 운명은 하나님의 성품에 대해 무엇을 말해주는가?
- 당신은 살면서 이런 종류의 공정 혹은 정의를 경험한 적이 있는가? 만약 그렇다면, 어떻게 해서 그 정의가 이루어졌는가?

4. 다음 빈칸을 채우라. "그러므로 하나님의 ____하심과 ____하심을 보라"(롬 11:22).

- 당신은 하나님을 친절하신 분으로 묘사하는 것을 어떻게 느끼는가?
- 당신은 하나님을 엄격하신 분으로 묘사하는 것을 어떻게 느끼는가?
- 하나님이 친절하신 동시에 엄격하신 분이어야 하는 이유는 무엇인가?

5. 하만의 악행이 드러나고 그가 붙잡혀가는 것을 보는 것은 기분 좋은 일이다(에 7:8). 그러나 우리의 삶에서 정의가 늘 빠르게 구현되는 것은 아니다. 당신은 어떤 정의로운 행동을 기다리고 있는가?

- 당신은 하나님이 정의를 회복하시는 과정의 어디쯤에 계시다고 생각하는가?
- 당신은 어떻게 기다리는가? 인내심을 가지고 기다리는가, 불안한 마음을 안고 기다리는가, 아니면 마음속에 의문을 품고 기다리는가? 자세히 말해보라.

6. 성경은 하나님이 정의를 회복하시기를 기다리면서도 침묵하지 않는다. 다음 성경 구절들을 읽으라.

"주여 어느 때까지 관망하시려 하나이까"(시 35:17).

"악한 자의 길이 형통하며 반역한 자가 다 평안함은 무슨 까닭이니이까"(렘 12:1).

"성실이 없어지므로 악을 떠나는 자가 탈취를 당하는도다
여호와께서 이를 살피시고 그 정의가 없는 것을 기뻐하지 아니하시고
사람이 없음을 보시며 중재자가 없음을 이상히 여기셨으므로"(사 59:15-16).

7. 성경은 또한 하나님이 궁극적으로 불의를 어떻게 다스리실지에 대해서도 침묵하지 않는다. 다음 성경 구절들을 읽으라.

"하나님께서 각 사람에게 그 행한 대로 보응하시되"(롬 2:6).

"천하를 공의로 심판할 날을 작정하시고"(행 17:31).

"하나님은 의로우신 재판장이심이여 매일 분노하시는 하나님이시로다"(시 7:11).

8. 우리는 하나님의 의로우신 심판을 기다리는 동안 어떤 일을 하도록 부름받았는가? (사 58:6-8 참조)

- 당신은 당신 자신과 주변 사람들의 삶에 정의가 실현되도록 어떻게 도울 수 있는가?
- 찰스 멀리는 지역사회에서 어떻게 정의를 실현했는가?
- 그의 성장 과정은 그가 이런 일을 하는 데 어떤 도움이 되었는가?

9. 우리는 정의에 대한 사람들의 절실한 필요에 압도될 수 있다. 그러나 이 문제와 관련해 하나님과 어떻게 동역해야 할지 콕 집어 말하기는 어렵다. 찰스 멀리는 그에게 잘 맞는 분야의 일을 하기로 마음먹은 사람의 좋은 예다.

- 당신에게 잘 맞는 일은 무엇인가? 당신은 세상의 어떤 불의에 특히 마음이 아픈가?
- 그 불의가 당신의 마음을 아프게 하는 이유는 무엇인가?
- 당신이 하고자 하는 일이 어떤 일이든(노숙자에게 식사를 제공하는 일이든, 지역 사회의 양로원을 방문하는 일이든, 거리의 아이들을 돕는 일이든, 아니면 그 밖의 다른 어떤 일이든) 그 분야에서 하나님과의 동역을 시작하기 위해 밟을 수 있는 과정에는 어떤 것이 있는가?

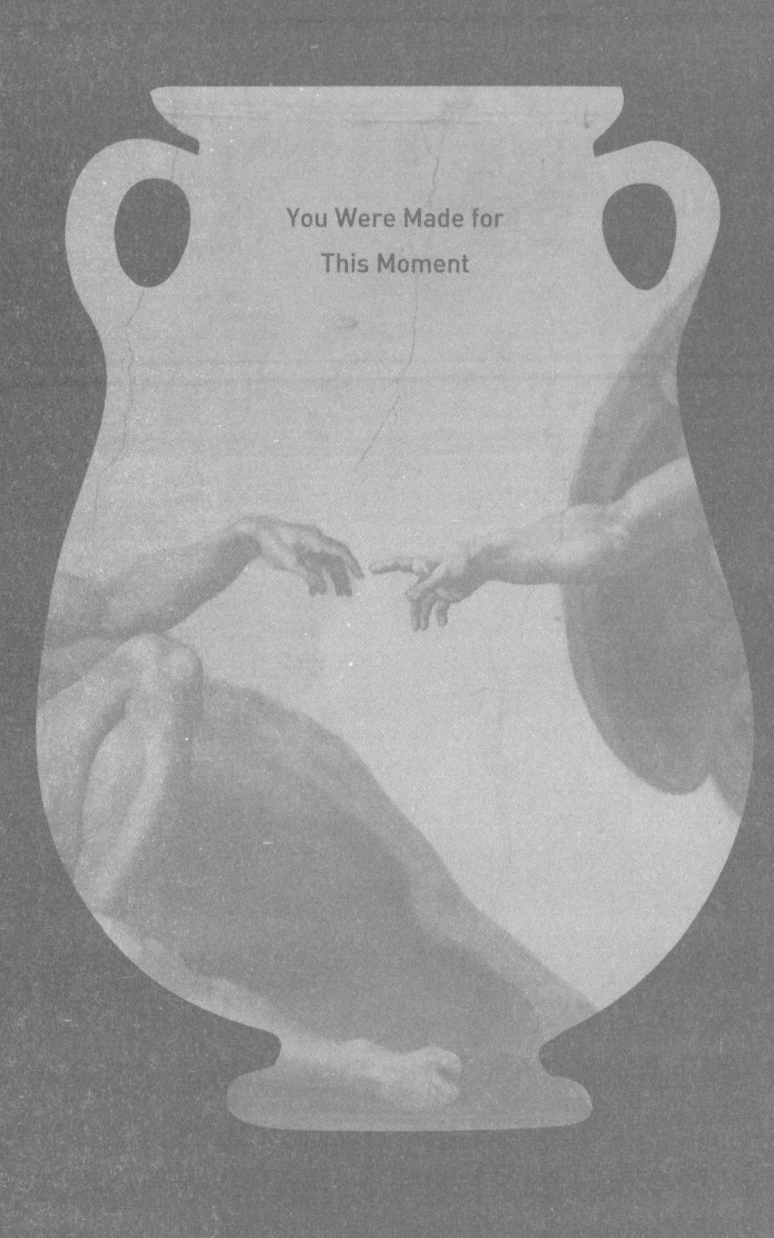

9장

대반전의 하나님

달리아는 이슬람권 국가인 자국에서 기독교를 전하는 선교사다. 그녀는 그리스도인이 환영받지 못하는 나라에 산다. 따라서 그녀가 사는 나라와 그녀의 이름을 밝힐 수 없지만, 그녀의 이야기는 들을 만한 가치가 있다.

달리아는 돌밭에 씨를 뿌린다. 수십 년 동안 사역하면서 거둔 결실은 소수에 불과하다. 그중 한 명이 달리아가 10년 전에 만난 여성으로, 그녀의 이름을 아이샤라고 부르기로 하자. 그 당시 달리아와 아이샤는 둘 다 혼자 살았다. 달리아는 남편과 사별했고, 아이샤는 미혼이었다. 두 사람은 바느질 교실에서 만나 친구가 되었다. 그리고 아이샤는 비밀리에 예수 그리스도와도 친구가 되었다.

아이샤는 믿음이 자라고 영적으로 더 깊어지던 와중에 사랑에 빠졌다. 그녀의 연인은 그리스도인이 아니었으며, 그녀가 그리스도인이라는 것도 알지 못했다. 아이샤가 그 사실을 알리기를 두려워했기 때문이다. 사실 아이샤가 달리아에게 말한 것처럼 그들이 사는 나라에는 그리스도인 남성이 드물었기 때문에 그리스도인 남편을 만나기를 기다리다가는 평생 가정을 꾸리지 못할 수도 있었다. 달리아의 만류에도 불구하고 아이샤는 청혼을 받아들였다.

그녀는 매일 성경을 읽겠다고 맹세했다. "성경을 남편이 찾을 수 없는 곳에 감춰놓을게요" 하고 그녀는 말했고, 실제로 그렇게 했다. 무슬림 남편과 살면서 성경을 보이지 않는 곳에 감춰둔 것이다.

그들이 결혼하고 나서 몇 달 뒤, 달리아는 꿈을 꾸었다. 꿈속에서 하나님이 아이샤의 남편에게 복음을 전하라고 하셨다. 달리아는 식은땀을 흘리며 잠에서 깨어났다. 그것은 그녀가 할 수 없는 일이었다. 그들이 사는 나라의 가부장적인 문화에서 여자는 남자들, 특히 결혼한 남자들에게 말을 걸어서는 안 되었다. 게다가 그들이 사는 무슬림 세상에서 그리스도인들은 박해를 두려워하며 살아간다. 달리아가 자신의 믿음을 드러낸 것도 죽음의 위험을 무릅쓰고 한 일이었다.

그러나 하나님의 말씀을 못 들은 체할 수는 없었다. 달리아는 아이샤에게 그 꿈에 대해 이야기했다. 그리고 에스더처럼 두 사람은 계획을 짰다.

달리아는 아이샤 부부를 저녁 식사에 초대했다. 그리고 함께 식사하면서 그들 부부에게 예수님에 관한 영화를 보자고 제안했다. 다행히 아이샤의 남편은 반대하지 않았다. 세 사람은 며칠 뒤 아이샤의 집에서 영화를 보기로 했다. 달리아와 아이샤는 며칠 동안 계속해서 기도했다.

마침내 그날이 와서, 달리아는 아이샤의 집으로 향했다. 그들은 저녁 식사를 한 후 "예수"(Jesus) 영화를 보기 시작했다. 이 영화는 달리아와 그녀의 친구들이 사용하는 언어를 포함해 전 세계 1,600개국어로 번역된, 역사상 가장 효과적인 복음 전도 수단 중 하나다.

영화를 보는 동안 달리아는 이따금 아이샤의 남편 쪽을 바라보았지만, 그는 아무런 반응을 보이지 않았다. 영화가 끝났을 때 세 사람은 침묵에 싸여 있었다. 오랜 침묵 끝에 아이샤의 남편은 일어나서 옆방으로 갔다. 아이샤와 달리아는 서로 얼굴을 마주 보았다. 그가 화가 난 걸까? 자리를 뜨려는 걸까? 그들은 알 수 없었다. 아이샤의 남편은 아이샤가 숨겨둔 성경책을 가지고 돌아왔다.

"나는 당신이 이 책을 읽는다는 걸 알고 있었어."

그가 말했다.

아이샤와 달리아는 숨이 멎을 것 같았다. 그런데 놀랍게도 그는 이렇게 덧붙였다.

"나도 이 책을 읽어봤어. 예수님에 대해 읽었지, 그분에 대해 더 자세히 알고 싶어."

달리아의 눈에 눈물이 고였고, 아이샤의 가슴은 희망으로 부풀어 올랐다. 아이샤의 남편은 그리스도인이 되었고, 그와 그의 아내는 자녀들이 예수님을 알도록 양육하고 있다.[1]

아이샤의 이야기에는 반전이 있다. 그리고 우리는 하나님이 개입하실 수 없을 만큼 암담한 상황이나 어려운 문제는 없다는 것을 다시금 깨닫는다. 이것이 바로 에스더 이야기가 약속하는 바가 아닌가?

에스더 9장은 이렇게 시작한다.

> 아달월 곧 열두째 달 십삼일은 왕의 어명을 시행하게 된 날이라 유다인의 대적들이 그들을 제거하기를 바랐더니 유다인이 **도리어** 자기들을 미워하는 자들을 제거하게 된 그 날에(에 9:1, 저자 강조).

다른 성경 번역본에는 '도리어'가 이렇게 번역되어 있다.

"오히려"(현대인의 성경)

"이제는"(쉬운 성경)

"상황이 뒤바뀌어"(우리말 성경)

"상황은 역전되어"(메시지 성경)

표현은 서로 다르지만 모두 동일한 약속을 전한다. 바로 하나님은 상황을 반전시키시는 분이라는 약속이다.

모든 좋은 소설에는 반전이 있고, 모든 좋은 영화에는 관객이 '이렇게 될 줄은 몰랐는걸' 하고 생각하게 만드는 순간이 있다. 좋은 작가는 서사의 흐름을 바꾸는 기술에 통달해 있다. 독자가 일어나리라고 예상한 일은 일어나지 않고, 독자가 상상조차 하지 못한 일이 일어나는 것이다.

에스더서의 경우에는 정확히 어떤 일이 일어났는가? 하나님이 왕의 완고한 마음을 부드럽게 바꿔놓으셨다.

> 그 날 아하수에로 왕이 유다인의 대적 하만의 집을 왕후 에스더에게 주니라 에스더가 모르드개는 자기에게 어떻게 관계됨을 왕께 아뢰었으므로 모르드개가 왕 앞에 나오니(에 8:1).

이 사람이 아하수에로라는 사실을 기억하라. 그는 손을 내저어 왕비를 물리칠 수도 있었고, 인장 반지를 한 번 꾹 누름으로써 한 민족 전체를 말살할 수도 있었다. 그가 엄지손가락을 올리면 사람들은 목숨을 부지했다. 그러나 엄지손가락을 내리면? 왕에게서 어떤 대답이 나올지는 아무도 예측할 수 없었다. 그러나 그 순간, 그보다 더 높으신 왕이 일하고 계셨다.

> 왕이 하만에게서 거둔 반지를 빼어 모르드개에게 준지라 에스더가 모르드개에게 하만의 집을 관리하게 하니라(에 8:2).

9장 대반전의 하나님

한때 하만의 손에 끼워졌던 왕의 인장 반지가 이제 모르드개의 손에 끼워졌다. 반전의 요소들이 쌓여간다. 그러나 그 모든 좋은 일에도 불구하고 조만간 무시무시한 일이 벌어질 터였다.

> 에스더가 다시 왕 앞에서 말씀하며 왕의 발 아래 엎드려 아각 사람 하만이 유다인을 해하려 한 악한 꾀를 제거하기를 울며 구하니(에 8:3).

에스더의 민족은 아직 고난에서 벗어나지 못했다. 유대인들에게는 여전히 사형 선고가 내려져 있었다. 그리고 한번 정한 법은 변경할 수 없었다. 아하수에로조차 되돌릴 수 없었다. 대부분의 현대 사회에서는 어떤 법이 이롭지 않다고 판명되면 그 법을 바꾼다. 그러나 고대 페르시아에서는 왕을 신적인 존재로 여겼으며, 따라서 왕의 칙령은 그 칙령을 내린 왕 자신도 철회할 수가 없었다.

어쩌면 당신도 비슷한 상황에 처해 있을지 모르겠다. 당신은 넘을 수 없는 벽이나 불가능한 일을 마주하고 있는가?

그렇다면 그 후에 일어난 일이 무척이나 만족스러울 것이다.

아하수에로는 또 하나의 법을 만들었다. 그는 에스더와 모르드개에게 말했다. "너희는 왕의 명의로 유다인에게 조서를 뜻대로 쓰고 왕의 반지로 인을 칠지어다 왕의 이름을 쓰고 왕의 반지로 인친 조서는 누구든지 철회할 수 없음이니라"(에 8:8).

상황이 역전되었다. 왕은 첫 번째 법을 파기할 수 없었기 때문에 두 번째 법을 만들었다. 메디아와 페르시아에서는 한 번 정해진 법을 바꿀 수 없었다. 그래서 왕은 "여러 고을에 있는 유다인에게 허락하여 그들이 함께 모여 스스로 생명을 보호하여 각 지방의 백성 중 세력을 가지고 그들을 치려 하는 자들과 그들의 처자를 죽이고 도륙하고 진멸하고 그 재산을 탈취하게" 하였다(에 8:11).

이 칙령은 세 번째 달에 각 지방에 전해졌기에(에 8:9) 유대인들에게는 아홉 달의 준비 기간이 있었다. 그들은 대량학살을 당할 예정이었던 그 운명의 날에 7만 5,000명의 대적을 죽임으로써 반유대적인 제국에 일격을 가했다. 하만의 계획은 실패로 돌아갔고, 하만 일가는 몰살을 당했다. 그리고 모르드개는 페르시아의 신임 총리가 되었다.

불과 얼마 전까지만 해도 하만은 세상에서 가장 강력한 왕을 설득하여 모든 유대인을 죽이고 그들의 재산을 탈취하도록 하는 포고령을 내렸다. 3장 말미에 묘사된 유대인들의 상황은 더없이 암담했다.

하만은 완악하고 거만했다.

아하수에로는 만나기 힘든 데다 백성의 일에 무관심했다.

모든 아브라함의 자손이 목이 달아날 판이었다. 편협한 신앙과 증오, 외국인 혐오와 탐욕 같은 힘이 그날을 지배할 터였다. 적어도 그래 보였다. 그러나 반전이 찾아왔다.

반전은 이야기의 흐름을 예상치 못한 방향으로 트는 문학적 장치다. 그것은 독자가 다음에 일어날 일이 궁금해서 밤잠을 잊고 책에 몰두하게 만든다. 에스더서의 경우, 다음과 같은 반전의 순간들을 볼 수 있다.

모르드개가 절하기를 거부했다.

에스더가 사흘간 금식을 한 후 용기백배했다.

에스더가 왕에게 하만이 꾸민 짓을 알림으로써 국정 운영의 이인자였던 하만은 꼬챙이에 꿰인 케밥 신세가 되었고, 베옷을 걸친 모르드개는 왕의 옷을 입게 되었다. 그리고 하나님의 백성은 에스더서 4장 3절의 상황에서 8장 16절의 상황으로 옮겨갔다.

에스더서 4장 3절에서 유대인들은 "크게 애통하여 금식하며 울며 부르짖고 굵은 베 옷을 입고 재에" 누워 있었다.

그러나 8장 16절로 가면 "영광과 즐거움과 기쁨과 존귀함"을 누리게 된다.

당신은 에스더서 4장과 같은 상황에 처했는가? 크게 애통하여 금식하며 울며 부르짖는 나날을 보내고 있는가? 반전에 대한 약속이 너무 멀게만 느껴지는가?

어쩌면 당신은 병마에 시달리고 있을지도 모르겠다. 그리하여 슬픔이 당신에게서 기쁨을 앗아가 버렸는지도. 혹은 하만의 그림자 속에서 살아갈 수도 있다. 당신이 사는 나라의 정치 지도자들은 현실 감각이 없고, 당신의 배우자는 신혼 초와는 완전히 다른 사람이 되어버렸다. 그리고 당신의 피부색은 사회에서 용인되지 않는 피부색이다.

고통은 당신의 삶에서 활력을 앗아갔고, 당신은 어디를 향해야 할지 알지 못한다. 너무 자주 실망해서 이제는 지칠 대로 지쳤다.

만약 당신이 이런 상황이라면 참으로 안타까운 일이다. 하지만 간곡하게 부탁하는데, 부디 절망에 굴복하지 마라. 절망은 당신에게서 활력을 앗아갈 것이다. 절망해서는 안 된다. 절대로. 그러기에는 너무 많은 것이 걸려 있다.

성경은 반전이 있으리라는 것을 믿으라고 말한다.

- 아브라함과 사라는 아이를 가질 수 없는 나이였지만 임신이 되었다. 반전이다.
- 요셉은 이집트의 감옥에 갇혀 있던 죄수였지만 총리의 자리에까지 올랐다. 반전이다.
- 모세 일행은 홍해에 가로막혀 더 나아갈 수 없었지만, 다음 순간 홍해가 갈라졌다. 반전이다.
- 여호수아는 여리고성을 일곱 바퀴 돌았다. 여섯 바퀴를 돌 때까지 꿈쩍도 하지 않던 성벽이 일곱 바퀴째에 무너져내렸다. 반전이다.
- 골리앗이 40일 동안 계속해서 이스라엘에 싸움을 걸어오자 다윗이 물매로 반전을 쏘아 올렸다. 거인을 무너뜨린 것이다.
- 바알의 선지자 450명이 여호와를 조롱했지만, 엘리야가 기도하자 하늘에서 반전의 불이 내려왔다.
- 사자가 다니엘을 삼키려 했으나 입이 벌어지지 않았다. 사자의 턱이 반전의 철끈으로 묶인 것이다.

여기서 어떤 리듬이 느껴지지 않는가? 하나님이 구상하시는 그 어떤 각본도 예측이 불가능하고, 그 어떤 스토리 라인도 필연적이지 않으며, 그 어떤 결과도 확실하지 않다. 하나님은 반전의 명수시다. 베들레헴의 마구간을 떠올려보라. 이런 일이 있을 줄 누가 알았겠는가? 예수님이 오시리라고 누가 상상이나 했겠는가? 그런데 하나님이 아기의 모습으로 말구유에 누워 계셨다. 온 우주를 떠받치시던 분이 마리아의 새끼손가락을 꼭 붙들고 계셨다.

하나님은 대반전의 하나님이시다.

대반전은 예루살렘 외곽의 한 무덤에서 일어났다. 예수님은 싸늘한 시신이 되어 무덤에 안치되었다. 맥박도 없고, 호흡도 없고, 희망도 없었다. 예수님은 이집트 미라보다 더 꽁꽁 싸매진 채 빌린 무덤 속에 사흘간 누워 계셨고, 그분의 대적들은 축배를 들었다.

제자들은 어떻게 되었을까? 그들은 십자가에 달릴까 두려워 예루살렘의 구석진 곳으로 숨었다. 그들의 세계는 산산조각이 났고, 그들의 가슴은 무너져내렸다.

그들은 모든 것을 버리고 예수님을 따랐다. 어부는 그물을 버렸고, 세리는 직업을 버렸다. 그들은 모든 것을 버렸다. 그리고 이제 그 모든 것을 예수님이 보상해주실 것 같았다. 그런데 그들을 남겨두고 세상을 떠나신 것이다. 십자가와 세 개의 못 때문에 세상의 빛이 어둠에 잠겼다… 혹은 그렇게 보였다. 인류의 구원자가 자기 자신을 구원하지 못했다… 혹은 그렇게 보였다. 예수님이 지옥의 하만인 사탄에 의해 죽임을 당했다… 혹은 그렇게 보였다.

그리고 모든 기쁨이 사라진 바로 그때 반전이 일어났다! 예수님의 심장이 다시 뛰기 시작한 것이다. 눈이 뜨이고 팔이 들렸다. 예수님은 일어나서 발꿈치로 사탄의 머리를 밟으셨다.

그분이 그렇게 하셨을 때 상황이 반전되었다.

"오히려"

"이제는"

"상황이 뒤바뀌어"

"상황은 역전되어"

부활절 아침 설교를 어떻게 쓰든, 그날의 메시지는 늘 한결같다. "그가 여기 계시지 않고 그가 말씀하시던 대로 살아나셨느니라 와서 그가 누우셨던 곳을 보라"(마 28:6). 대반전의 하나님이 위대한 일을 행하셨다.

하나님이 당신의 미래에도 반전을 준비하고 계시지 않으리라고 누가 그러는가? 이야기의 중간 부분 때문에 혼란스러워할 것 없다. 악인들이 번창하고 세상의 하만들이 성공하는 것처럼 보이더라도 좌절하지 말고 구원의 주님을 바라보라.

그 어떤 개인이나 기관, 사회, 나라도 하나님의 영향권에서 벗어나지 못한다. 다시 말하지만, 그 누구도 하나님의 손에서 벗어나지 못한다. "왕의 마음이 여호와의 손에 있음이 마치 봇물과 같아서 그가 임의로 인도하시느니라"(잠 21:1).

빈 청(Vinh Chung)은 이 같은 진리의 산증인이다. 그는 늘 웃는 얼굴에 살짝 올라간 광대뼈와 반짝이는 눈동자를 지녔다. 체격이 좋아서 아칸소에서 살 때는 고등학교 축구부에서 활동했고, 호주에서 살 때는 럭비를 했다. 그의 이력은 대단히 인상적이다. 그는 하버드 의대를 졸업한 피부과 의사로, 상도 많이 받았다. 그러나 그의 진술이 중요한 이유는 그의 현재 위치 때문이 아니라 그가 세 살 때 어디에 있었느냐 때문이다.

> 내가 세 살 때 우리 가족은 베트남을 떠나 생전 처음 들어본 곳, 미국의 아칸소라고 하는 지역으로 옮겨가야 했다.
> 나는 난민이다.
> 우리 가족은 한 세계에서 잠이 들었다가 다른 세계에서 깨어났다. … 우리는 영어를 한마디도 하지 못하는 상태에서 옷가지 몇 벌만 챙겨서 이 나라에 도착했다. 하지만 지금은 우리 가족이 하버드와 예일, 조지타운, 스탠퍼드, 조지메이슨, 미시간, 아칸소 등의 대학에서 취득한 학위만 석사학위 다섯 개와 박사학위 다섯 개를 포함하여 모두 스물한 개에 이른다. 그러나 1979년 7월 우리 가족은 아흔세 명이 다닥다닥 붙어 앉은 낚싯배를 타고 남중국해 한가운데를 떠돌다 탈수로 사경을 헤맸다.
> 우리가 이곳에 도착하기까지 겪은 일들은 참으로 놀라운 이야기가 아닐

수 없다.[21]

빈 청은 1975년 남베트남이 공산주의자들의 손에 넘어가고 여덟 달 뒤에 남베트남에서 태어났다. 그의 집안은 수백만 달러 규모의 쌀 관련 사업을 할 정도로 부유했지만, 공산주의 정권이 들어서면서 모든 것을 잃었다. 집과 재산을 몰수당한 것이다.

청 씨 부부는 새로운 정부하에서는 자녀에게 미래가 없다는 것을 알고 베트남을 떠나기로 했다. 1979년 그들은 약 20만 명의 베트남인이 해적과 거센 파도로 죽어간 것을 알면서도 그 전설적인 보트피플 틈에 끼어 남중국해로 들어섰다.

그들은 약 300명의 난민과 함께 낡은 배에 올랐다. 상황은 매우 열악했다. 음식은 배급제로 주어졌고, 식수는 부족했다. 잠을 이루기 힘들었고, 늘 뱃멀미에 시달렸다. 게다가 얼마 안 되는 소유물마저 태국 해적들에게 빼앗기고 말았다.

마침내 그들은 말레이시아 해안에 도착했다. 그러나 그곳의 난민촌에서는 그들을 받아주지 않았다. 말레이시아 군인들은 그들을 구타하고 며칠씩 뜨거운 해변을 걷게 했다. 빈 청의 어머니는 아이를 유산하고 출혈이 심해 사경을 헤맸다. 두 번째 난민촌에서도 그들을 받아주지 않자 말레이시아 당국에서는 베트남인들을 조그만 낚싯배에 태워 망망대해로 내보냈다.

이글거리는 태양 아래 아흔세 명이 서로 살을 맞대고 앉아야 했다.

물이 1갤런(약 4.5리터)밖에 없어서 어린아이들에게만 한 모금씩 마시게 했다. 보트에는 엔진이나 돛이 없었고, 노조차도 없었다. 끝이 보이지 않는 수평선은 더위와 뱃멀미에 시달리는 사람들을 절망케 했다.

바다에서 닷새를 보낸 후 빈 청의 아버지는 전에 한 번도 한 적이 없는 행동을 했다. 그는 탈수 증세를 보이는 굶주린 얼굴들을 들여다보고는 보트 한가운데 무릎을 꿇고 앉아서 기도했다. "천지 만물을 지으신 이가 있다는 것을 압니다. 창조주시여, 저는 당신이 우리가 이렇게 죽기를 바라지 않으신다는 것을 압니다. 그러니 이 기도를 들으신다면 제발 비를 내려주소서."

잠시 후 하늘이 어두워지면서 비가 오기 시작했다. 번개도 없고 천둥도 없었다. 오직 안도감만이 가득했다. 더위는 가셨다. 하지만 그들은 여전히 표류하고 있었다. 엿새째가 되자 더위와 두려움이 다시 돌아왔다.

그러나 그들이 알지 못하는 사이에 도움의 손길이 다가오고 있었다.

나는 스탠 무니햄(Stan Mooneyham)을 만난 적은 없지만, 그가 한 일에 대해서는 잘 알고 있다. 그는 1969년부터 1982년까지 월드비전 총재를 지냈다. 월드비전은 세계 최대 구호단체 중 하나이다. 무니햄과 함께 일한 적이 있는 사람들에 의하면 그는 지칠 줄 모르는 불굴의 사나이다. 학대받는 사람들의 이야기가 들려오면 그는 곧바로 행동에 나섰다. 보트피플에 대해 들었을 때 그는 곧바로 구조작업에 착수했다.

월드비전은 제2차 세계대전 때 상륙용 함정으로 쓰던 배를 빌려 음식과 물, 디젤 연료와 의약품을 싣고 싱가포르항을 출발했다. 청 씨 가족이 탄 보트를 구조했을 때, 시스윕호는 이미 남중국해에서 수백 명의 난민을 구한 뒤였다.

무니햄에 의하면 청 씨 가족이 탄 보트는 하루만 더 늦게 발견됐더라면 산산조각이 났을 것이다. 그는 난민들을 배에 옮겨 태우고 그들을 치료하기 시작했다. 싱가포르로 가는 나흘간의 여정은 휴식과 회복과 성경 공부로 이루어진 시간이었다. 빈의 아버지는 종교적인 사람이 아니었다. 그런 그가 왜 예배에 참석했을까? 그는 모두가 그들을 외면할 때 이들이 자신들을 구해준 이유를 알고 싶었다.

여기에 대한 무니햄의 대답은 무엇이었을까? 바로 예수님이었다. 무니햄은 사랑받지 못하는 사람들에 대한 예수 그리스도의 사랑과 자비를 이야기했다. 빈 청은 나중에 이렇게 썼다. "아버지는 문득 그가 이제까지 살아오면서 겪은 그 모든 일에 목적이 있음을 깨달았다. … 그 순간 아버지는 그의 과거가 통째로 남중국해 속에 깊이 가라앉았음을 느꼈다. 그는 자유였다. 그는 용서받았다. 이제 아버지는 창조주에게 이름과 얼굴이 있음을 알게 되었다. 그리고 자신이 다시는 예전과 같은 삶으로 돌아가지 않으리라는 것을 알게 되었다."[3]

청 씨 일가의 사연은 훨씬 더 많지만, 이 정도면 에스더와 모르드개의 하나님이 살아계신다는 나의 믿음을 보여주기에 충분한 것 같다. 하나님은 지금도 난민들의 기도를 들으신다. 그리고 믿는 자들을 사용하셔서 그들에게 다가가신다.

당신은 구원이 필요한가?

혹은 다른 누군가를 구하는 일에 힘을 보탤 수 있는가?

어느 쪽이 되었든, 계속해서 기도하라. 계속해서 믿음을 가지라. 당신의 이야기는 끝난 게 아니다. 내일이면 상황이 달라질 수도 있다. 오늘 밤이 아하수에로가 잠 못 드는 밤이 될 수도 있다. 오늘 밤, 당신의 삶을 영원히 바꿔놓을 사건들의 씨앗이 뿌려질 수도 있다. 반전은 일어난다.

하지만 그러기 위해서는 당신이 그 상황 가운데 있어야 한다. 모르드개가 그랬고 에스더가 그랬다. 달리아가 그랬고 아이샤가 그랬다. 청 씨 일가가 그랬고 무니햄이 그랬다. 이들 모두는 다른 길을 걸을 수도 있었다. 그러나 그들은 믿음의 길을 택했고, 그리하여 그들 각자의 이야기는 더욱 나은 방향으로 흘러갔다.

당신의 이야기도 그럴 것이다, 친구여.

당신의 이야기도 그럴 것이다.

묵상을 위한 질문

1. 달리아와 아이샤는 아이샤가 성경을 읽고 있다는 사실을 그녀의 남편이 알게 되면 어떤 일이 일어나리라고 예상했을까? 그런데 실제로는 어떤 일이 일어났는가?

   - 그들은 아이샤의 남편이 "예수" 영화에 어떻게 반응하리라고 예상했을까? 그런데 실제로는 어떻게 반응했는가?
   - 이 예상치 못한 반응이 달리아와 아이샤의 믿음에 어떤 영향을 주었으리라고 생각하는가?

2. 다음 빈칸을 채우라. "하나님은 _____ _____ 분"이다(184쪽). 이 장에서 유대인들의 운명은 어떻게 달라졌는가?

3. 아하수에로 왕은 유대인들의 운명이 달라지는 데 어떤 역할을 했는가?

   - 아하수에로가 이런 식으로 행동한 것이 그토록 놀라운 이유는 무엇인가?
   - 현재 당신의 삶 가운데 당신에게 권위를 행사하는 사람, 당신이 두려워하는 사람이 있는가? 직장 상사나 교사, 부모나 정치인처럼 당신의 삶을 좌우하는 사람이 있는가? 만약 그렇다면 그 사람은 누구고, 그는 당신의 삶에 어떤 종류의 영향력을 행사하는가?
   - 아하수에로의 심경 변화는 당신의 삶에 영향력을 행사하는 그 사람에 대한 당신의 시각을 어떤 식으로 바꿔놓을 수 있는가?

4. 아하수에로는 에스더의 말을 듣고 하만을 붙잡아 교수대에 매달고, 모르드개를 그의 오른팔로 삼았다. 그러나 유대인들에게는 여전히 사형 선고가 내려져 있었다.

- 당신은 살면서 극복할 수 없는 것처럼 보이는 장애물을 만난 적이 있는가? 저자의 말처럼 "넘을 수 없는 벽이나 불가능한 일을 마주하고 있는가?"(186쪽) 만약 그렇다면, 그것은 무엇인가?
- 그것이 극복하기 불가능한 것처럼 보이는 이유는 무엇인가?
- 에스더와 모르드개는 페르시아에 사는 유대인들을 진멸하라는 왕의 명령을 결국 어떻게 바꿔놓았는가?
- 하나님은 당신의 문제에 어떤 창의적인 해결책들을 가지고 계실까?

5. 반전이란 무엇인가?

- 이 이야기에서 모르드개는 어떤 반전을 경험했는가?
- 에스더는 어떤 반전을 경험했는가?
- 아하수에로는 어떤 반전을 경험했는가?
- 하나님의 백성은 어떤 반전을 경험했는가?

6. 당신은 삶의 상황이 예기치 못한 방향으로 전개되는 것을 경험한 적이 있는가? 만약 그렇다면, 각각의 사건에 개입하신 하나님의 손길에 감사하며 그 사건들의 목록을 만들어보라.

- 당신이 태어났을 때부터 지금까지 시간의 흐름을 나타내는 선을 긋고, 그 위에 당신의 인생을 바꿔놓은 사건들을 표시하라.
- 인생을 바꿔놓은 사건들을 살펴보니 어떤 기분이 드는가?
- 이것은 하나님의 성품에 대해 무엇을 말해주는가?
- 이것은 당신의 인생에 대한 하나님의 계획에 대해 무엇을 말해주는가?

7. 저자는 에스더 4장 3절과 8장 16절을 비교한다.

> 에스더 4장 3절: "유다인이 크게 애통하여 금식하며 울며 부르짖고 굵은 베옷을 입고 재에 누운 자가 무수하더라"

> 에스더 8장 16절: "유다인에게는 영광과 즐거움과 기쁨과 존귀함이 있는지라"

8. 저자는 성경에 나오는 몇몇 반전의 순간을 열거한다. 가장 큰 반전은 무엇인가?

- 그 반전의 순간은 무엇을 말해주는가?
- 그것은 당신의 인생에서 가능한 재기와 회복에 대해 무엇을 말해주는가?
- 현재 당신은 어떤 분야에서 재기의 희망이 필요한가?
- 그리스도께서 어떻게 그 희망을 주실 수 있는가?

9. 우리는 종종 살면서 하나님이 행하시는 기적과도 같은 반전을 목격한다. 그러나 우리 역시 다른 사람들에게 이런 순간을 안겨줄 수 있다. 스탠 무니햄과 월드비전은 빈 청과 그의 가족들에게 어떤 반전을 안겨주었는가?

- 저자는 이 장 말미에 두 가지 질문을 제시한다. "당신은 구원이 필요한가? 혹은 다른 누군가를 구하는 일에 힘을 보탤 수 있는가?"(196쪽) 여기에 당신은 무어라 대답하겠는가?
- 당신이 다른 누군가를 구하는 일에 힘을 보태려면 무엇이 필요하겠는가?
- 만약 하나님이 그 일을 위해 당신을 부르신다면 당신은 그 부르심에 응할 준비가 되어 있는가?
- 당신에게 구원이 필요하다면, 오늘 그것을 위해 어떻게 기도하겠는가?
- 당신이 다른 사람들을 구하는 일에 보탬이 되고자 한다면, 그 일을 위해 어떻게 준비시켜달라고 하나님께 청하겠는가?

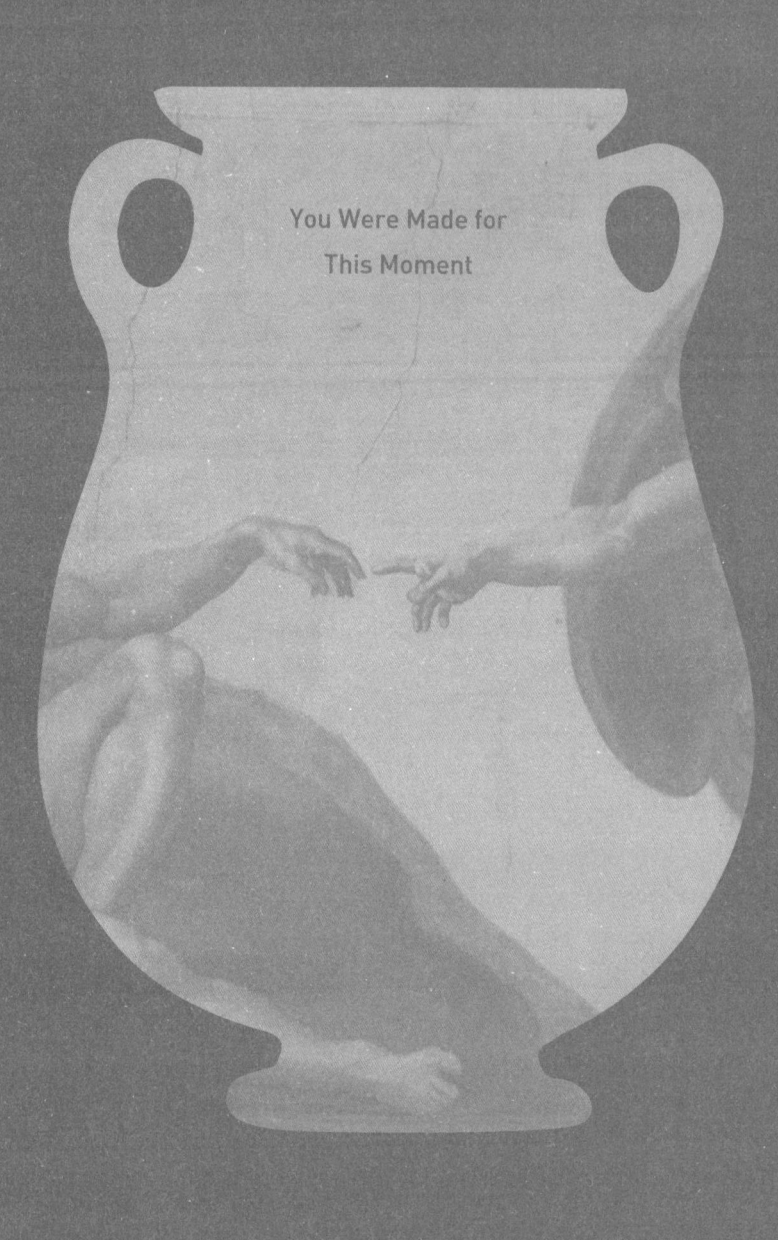

10장

부림절의 사람들

앨라배마주 엔터프라이즈 중심가에는 커다란 벌레 조각이 있다. 그것은 그리스 여인 조각상 위에 놓여 있는데, 이 여인상은 자유의 여신상처럼 흰 대리석으로 된 팔을 높이 쳐들고 있다. 그러나 자유의 여신상이 횃불을 들고 있는 데 반해 이 여인상은 그 벌레를 들고 있다. 아니, 더 정확히 말하면 그릇을 들고 있고, 그 그릇 안에 목화바구미라는 벌레가 들어 있다. 무게가 22킬로그램인 이 벌레 조각 옆에는 "목화바구미가 가져다준 풍요에 깊이 감사하며"라고 적힌 팻말이 있다.

여인상은 1919년에 세워졌고, 그로부터 30년 뒤에 목화바구미의 조각상이 추가되었다. 이 보기 흉한 해충이 어떻게 조각상으로까지 만들여지게 된 것일까? 목화바구미는 1892년 멕시코에서 유입된 이래 미국의 목화 산업에 230억 달러 규모의 손해를 끼쳤다. 목화바구미는 마치 십 대가 피자를 먹어치우듯 목화를 먹어치웠고, 그리하여 1920년 경에는 목화 농사가 거의 불가능할 정도가 되었다. 아무리 애를 써도 이 해충은 사라지지 않았다.

그런데 왜 이 해충의 조각상을 세운 것일까? 이 질문에 대한 답은 H. M. 세션스(H. M. Sessions)라는 종자 판매상과 관련이 있다. 세션스는 목화에 어떤 일이 일어나고 있는지를 보고 무언가 조치를 취해야 함을 알았다. 1916년 그는 버지니아와 노스캐롤라이나를 가로지르는 여행을 하면서 그 일대의 땅콩밭을 보았다. 그리고 땅콩은 목화바구미에 의해 해를 입지 않는다는 사실을 알게 되었다. 그는 땅콩 씨앗을 가지고 고향으로 돌아와 C. W. 배스턴(C. W. Baston)에게 팔았고, 배스턴은 땅콩을 심어서 8,000달러의 수익을 거뒀다. 이는 그가 빚을 갚고도 남을 정도의 돈이었다. 소문은 빠르게 퍼져나갔다. 농부들은 너도나도 땅콩 농사에 뛰어들었고, 그 덕에 농가 소득이 크게 늘었다. 목화바구미로 인한 피해가 극에 달했던 1919년경, 앨라배마주 커피 카운티는 미국 최대의 땅콩 산지가 되어 있었다.[1]

이제 당신의 목화바구미에 대해 이야기해보자. 목화를 먹어치우는 벌레가 당신의 세상을 들쑤시고 다닌다. 그들은 환영받지 못하는 해충이다. 엄청난 피해를 입히는 불한당이다. 당신이 수확한 목화를 그들이 다 먹어치우는 바람에 당신의 창고는 텅 비었고, 당신의 머릿속에는 '이제 어떡하지? 어디로 향해야 하지?' 하는 질문만 가득하다.

나는 이 질문들에 한 가지를 더 추가하고자 한다. 목화바구미가 실은 축복일 수도 있지 않을까? 확실히 목화바구미는 많은 피해를 입혔다. 하지만 이 벌레가 없었다면 땅콩 수확도 없었을 것이다. 혹은 당신의 경우, 시련이 없었다면 강해지지 않았을 것이다. 산이 없다면 산봉우리는 없을 것이고, 좌절이 없으면 재기도 없을 것이다. 그렇다, 나는 지금 목화바구미가 우리를 더 나은 방향으로 변화시켜준다고 말하려는 것이다.

이것이 에스더 이야기의 주제곡이다.

한때 이스라엘에서 행복하게 살았던 유대 민족이 겨울바람에 흩날리는 낙엽처럼 흩어졌다. 그들에게는 성전도 없고 나라도 없고 지도자도 없었다. 당대의 여호수아는 어디에 있는가? 다윗이나 엘리야는 어디에 있는가? 그 어디에도 없었다. 유대인들은 지도자 없이 페르시아라는 바닷속을 헤엄치는 피라미들이었다.

그 당시 페르시아는 어떠했는가? 페르시아의 왕은 비열한이었고, 그의 오른팔인 총리는 살인청부업자였다. 그리고 지체 높은 두 유대인, 모르드개와 에스더는 자신들이 유대인이라는 사실을 숨겼다.

그 당시는 하나님의 언약 백성에게 좋은 시기가 아니었다. 사방이 목화바구미 천지였다.

하지만 모르드개와 에스더는 얼마간의 땅콩을 심었다. 모르드개는 고개를 숙이지 않았고, 에스더는 위험을 감수했다. 하만은 자기가 만든 교수대에서 최후를 맞이했다. 유대인들은 무기를 들고 페르시아인들을 무찔렀다. 유대인들의 파멸이 예정되어 있던 날이 확실한 승리의 날이 되었다. "왕이 조서를 내려 하만이 유다인을 해하려던 악한 꾀를 그의 머리에 돌려보내어 하만과 그의 여러 아들을 나무에 달게 하였으므로"(에 9:25). "유다인 모르드개가 아하수에로 왕의 다음이 되고 유다인 중에 크게 존경받고 그의 허다한 형제에게 사랑을 받고 그의 백성의 이익을 도모하며 그의 모든 종족을 안위하였더라"(에 10:3).

곳곳에서 승리의 함성이 울려 퍼졌다. 유대 민족의 역사에 새로운 장이 쓰인 것이다. 그들은 유랑민으로 살면서도 자신들의 정체성을 잃지 않을 수 있으며 하나님의 도움의 손길을 신뢰할 수 있음을 깨달았다. 믿음의 사람이 영향력 있는 사람이 될 수 있었다. 성문을 지키던 모르드개가 고위 관직에 오른 유대인이 되었고, 침묵을 지키던 왕비 에스더가 유대 민족의 영웅이 되었다. 온 페르시아 사람들이 "유대 민족을 완전히 다른 시각으로 바라보게 되었다."[21] 그것은 일종의 부흥이자 쇄신이었다.

모르드개와 에스더는 유대인들이 해마다 이날을 기념하도록 했다.

모르드개가 이 일을 기록하고 아하수에로 왕의 각 지방에 있는 모든 유다인에게 원근을 막론하고 글을 보내어 이르기를 한 규례를 세워 해마다 아달월 십사일과 십오일을 지키라 이 달 이 날에 유다인들이 대적에게서 벗어나서 평안함을 얻어 슬픔이 변하여 기쁨이 되고 애통이 변하여 길한 날이 되었으니 이 두 날을 지켜 잔치를 베풀고 즐기며 서로 예물을 주며 가난한 자를 구제하라 하매(에 9:20-22).

에스더서는 전투에서의 승리로 끝나지 않는다. 기억하라는 요청으로 끝난다. 성탄절에 그리스도인들이 그리스도의 탄생에 관한 이야기를 읽는 것과 꼭 마찬가지로 유대인들은 부림절 축제 동안 에스더 이야기를 읽는다. 부림절은 유대인들의 대량학살이 예정되어 있던 날 이후로 정해졌는데, 이는 그 운명의 날이 지났지만 그들이 여전히 건재하다는 것을 떠올리기 위함이다.

부림절 축제는 가장무도회처럼 떠들썩하다. 모두가 배불리 먹고 마시며 가장행렬을 즐긴다. 누군가 에스더를 낭독하고, 청중은 거기에 반응한다. 하만의 이름이 언급되면 요란한 야유가 쏟아지는데, 이는 그 이름이 들리지 않도록 하기 위한 것이다.

"탈무드의 다소 논란의 소지가 있는 한 대목에 의하면 유대인들은 부림절에 '하만에게 저주를'이라는 말과 '모르드개에게 축복을'이라는 말을 구분할 수 없을 때까지 술을 마시라고 배운다."[3] 교회에 권장할 만한 관습은 아니다.

보다 합리적인 전통은 '하만타쉔'이라고 하는, 젤리로 속을 채운 세 모난 과자를 굽는 것이다. 과자 속에 숨어 있는 젤리는 보이지 않는 곳에 계시는 하나님을 상기시킨다.[4]

나는 이 전통을 좋아한다. 젤리는 달콤하고 맛이 좋으며, 발견의 기쁨까지 안겨준다. 게다가 구원의 이야기가 담긴 과자에서 하나님의 임재를 떠올릴 수 있다는 게 마음에 든다. 믿음의 사람들이 하나님이 승리하신 날로 돌아가 그날을 기념하는 이틀간의 축제에는 크나큰 가치가 있다.

우리는 곧잘 잊어버린다.

우리는 하나님이 우리를 대적하시는 게 아니라 우리를 위하신다는 것을 곧잘 잊어버린다. 하나님이 멀리 계시지 않고 가까이에 계신다는 것, 그분이 주무시지 않고 바쁘게 일하신다는 것을 우리는 곧잘 잊어버린다. 하나님이 잿더미에서 아름다운 무언가를 만드시고, 힘든 상황에서 기쁨을 이끌어내시며, 골짜기의 마른 뼈들로 군대를 만드시고, 슬픔을 기쁨으로 변화시키실 수 있는 분이라는 것을 우리는 곧잘 잊어버린다. 우리에게는 기억을 되살려줄 기념일이 필요하다.

역사상 가장 뜻깊었던 부림절 중 한 날에는 포도주나 과자가 없었다. 그런 것을 마련할 여건이 못 되었기 때문이다. 축제에 참석한 사람들은 거반 송장이나 다름없었다. 그들은 다 쓰러져가는 오두막에서 80명이 함께 지냈다. 티푸스와 이질에 시달렸으며, 뼈만 앙상한 몸에 넝마 같은 옷을 걸치고 있었다. 날마다 조금씩 배급되는 빵과 수프로 연명하는 그들에게는 희망도 해결책도 없었다. 그들은 아우슈비츠의 포로들이었다.

J. J. 코헨(J. J. Cohen)은 그들 중 한 명이었다. 죽음의 수용소에 붙잡혀 왔을 때 그는 폴란드의 게토에 살았던 십 대 소년이었다. 그는 홀

로코스트 생존자로, 훗날 수용소의 수감자들이 부림절을 기억해낸 날을 떠올렸다. 그들은 음식을 선물하는 부림절 전통을 살리기 위해 감자 한 조각과 빵 한 조각을 한 사람에게서 다음 사람에게로, 또 그다음 사람에게로 넘겨주었다. 에스더서를 낭독하는 것은 어린 코헨이 맡게 되었다.

> 내가 하만의 몰락에 대해 낭독할 때 … 모든 유대인의 가슴속 깊이 자리하고 있던 희망의 불꽃이 횃불처럼 타올랐다. … 낭독이 끝나자 모두가 환호했다. 잠시나마 죽음의 수용소의 끔찍한 현실이 잊혔고, 그 모든 굶주림과 고통이 희미해졌다. 낭독을 하는 데 온 힘을 다 쏟은 나는 숨을 헐떡이며 자리에 앉았지만, 내 영혼은 날아올랐다. … 그리고 마치 봇물이 터지듯 축제 분위기와 구원에 대한 비전이 수감자들의 깨어진 가슴에서 솟구쳐올랐다.[5]

나는 **뼈만** 앙상한 그 사람들을 상상해본다. 승리를 기뻐하는 그들의 환호에 귀 기울여본다. 그리고 생각한다. '과연 어떤 이야기가 이들을 이렇게 만들 수 있을까? 어떤 서사가 다 죽어가는 사람들의 영혼을 들어올릴 수 있을까?'

오늘 우리에게 그런 이야기가 필요하지 않을까?

그런데 우리에게는 이미 그런 이야기가 있다.

하나님의 아들을 죽이려는 사탄의 계획은 그가 그리스도를 매달려고 준비한 십자가에서 좌절되었다. 죽음의 도구인 십자가가 생명의 도구가 된 것을 깨달았을 때 사탄이 얼마나 속이 쓰렸을까? 메시아의 죽음이 그에게는 죽음을 의미하고 우리에게는 생명을 의미한다는 것을 사탄이 알았더라면 그는 결코 예수님을 십자가에 못 박지 않았을 것이다.

그러나 사탄은 그것을 알지 못했다.

우리가 그때를 잊지 않도록 예수님은 우리에게 우리만의 부림절 축제를 주셨다. 십자가에 못 박히시기 전날 저녁에 예수님은 자신을 기념하라고 말씀하셨다.

> 또 떡을 가져 감사 기도 하시고 떼어 그들에게 주시며 이르시되 이것은 너희를 위하여 주는 내 몸이라 너희가 이를 행하여 나를 기념하라 하시고 저녁 먹은 후에 잔도 그와 같이 하여 이르시되 이 잔은 내 피로 세우는 새 언약이니 곧 너희를 위하여 붓는 것이라 (눅 22:19-20).

이는 그리스도인들에게 매우 소중한 말씀이다. 그러나 제자들에게는 수수께끼 같은 말씀이었을 것이다. 떼어낸 떡처럼 부서진 몸과 잔에 부은 술처럼 흐르는 피라니, 여기서 어떤 좋은 것이 나오겠는가 말이다.

그리고 이제 당신을 보라. 당신의 부서진 세계와 흔들리는 믿음, 깨어지기 쉬운 꿈을 보라. 여기서 좋은 것이 나오겠는가?

그러나 에스더는 "그렇다"고 말한다.

부활절은 "그렇다"고 말한다.

부림절은 "그렇다"고 말한다.

성찬식은 "그렇다"고 말한다.

이것은 하나님의 약속이다.

그리고 그 약속을 받는 역할이 우리에게 주어졌다. 잔을 받으라. 떡을 받으라. 달콤한 젤리가 숨어 있는 과자를 받으라.

나쁜 소식에 절망하지 말라. 패닉과 혼돈의 목소리의 희생자가 되지 말라. 당신에게는 선하신 하나님과 성경에 계시된 그분의 선하신 계획이 있다. 오늘의 혼란과 위기는 내일의 승리가 될 것이다.

내 친구 린다는 하나님의 초대를 받아들였다. 그녀의 삶은 허리케인 카트리나가 휩쓸고 간 것처럼 황폐했다. 그녀는 펜실베이니아 서부의 한 사랑 없는 가정에서 자랐다. 그녀의 어머니는 매일 아침, 그녀에게 생감자와 성냥 한 갑을 주어 내보내며 저녁때 돌아오라고 말했다. 린다와 그녀의 언니 낸시는 하루 종일 집 근처의 숲에서 놀았다. 점심때가 되면 불을 피워 감자를 구워 먹고 시내에서 헤엄을 치다가 해가 지면 집으로 돌아왔다. 어느 날엔가는 린다가 키우던 토끼가 튀김이 되어 저녁 식탁에 올라온 적도 있었다.

린다에게는 아버지가 그녀에게 애정 표현을 하거나 심지어 그녀의 이름을 부른 기억조차 없다. 그녀는 어렵사리 고등학교와 대학교를 졸업한 후 멕시코 선교사로 부름받았다는 남자와 결혼했다. 그들은 생활 여건이 극도로 열악한 멕시코 오지로 들어갔다. 선교사로서의 삶은 견딜 수 있었지만, 남편과의 삶은 그렇지 않았다. 그는 화가 많고 난폭했다. 자신과 네 자녀의 생명에 위협을 느낀 린다는 1981년, 버스를 타고 텍사스 알링턴으로 도망쳤다. 그녀는 수중에 돈 한 푼 없이 짐가방 하나와 친구의 전화번호만 가지고 그곳에 도착했다.

린다는 최저임금을 주는 직장에 취직해서 작은 아파트를 세내어 살았다. 처음 3년간 그녀는 바닥에서 자고, 아이들은 벼룩시장에서 산 매트리스에서 넷이 함께 잤다. 돈을 절약하기 위해 린다는 점심시간에도 일했다. 남들이 식사하는 동안에도 일을 한 덕에 그녀는 동료들보다 더 많은 일을 해냈고, 이를 눈여겨본 상사는 그녀에게 더 많은 야근과 더 중요한 일을 맡겼다.

린다와 아이들은 점차 가난에서 벗어나게 되었다. 린다는 승진을 거듭하여 결국 휴스턴의 본사로 가게 되었다. 그녀가 주니어어치브먼트(Junior Achievement)라는 단체를 알게 된 것은 바로 그곳에서였다. 주니어어치브먼트는 아이들이 교육과 노동을 통해 가난의 대물림을 끊을 수 있도록 돕는 곳이다. 그것은 바로 린다의 이야기였다! 주니어어치브먼트에서는 린다를 영입했고, 린다는 그곳에서 큰 성과를 거두어 결국 아시아태평양 지역과 미주 지역의 책임자가 되었다. 그녀는 다섯 개 대륙의 55개 국가를 담당했다. 주니어어치브먼트에 의하면 그녀는 해마다 300만 명의 삶에 영향을 미쳤으며, 그녀로 인해 삶이 변화된 사람은 모두 3,200만 명에 이른다.

그러나 린다에게 또 다른 시련이 닥쳤다. 그녀가 루게릭병에 걸린 것이다. 우리 아버지도 루게릭병으로 돌아가셨기 때문에 나는 이 병이 사람의 몸을 어떻게 좀먹어 들어가는지 안다. 루게릭병은 린다의 몸을 못 쓰게 만들었지만, 그러나 그녀에게서 기쁨을 앗아가지는 못했다. 린다는 여전히 빠르게 미소 짓고 그보다 더 빠르게 하나님께 감사한다.

나는 그녀에게 물어보았다.

"어떻게 그럴 수 있지요? 어떻게 원망스러운 마음 없이 이 시련들을 마주할 수 있어요?"

린다의 대답은 단순했다.

"의지할 사람이 아무도 없을 때 바라볼 곳은 한 군데뿐이지요. 바로 저 높은 곳이요. 사람들은 나를 저버렸지만, 하나님은 결코 저버리지 않으셨어요."[6]

당신은 린다와 같은 마음가짐으로 살아갈 수 있는가? 우리 모두 그렇게 할 수 있다.

하나님의 말씀을 붙들라. 감히 말하지만, 하나님의 말씀을 붙들라. 다시 말하지만, 하나님의 말씀을 붙들라. 당신이 이 추운 계절을 바라보는 시각을 바꾸라. 시련을 있는 그대로, 하나님이 또다시 그분이 가장 잘하시는 것을 하실 기회로 보라. 하나님이 가장 잘하시는 것이란 다름 아닌 상황을 역전시키고 죽음에서 생명을 부활시키는 것이다.

목화바구미는 좋으신 아버지의 적수가 되지 못한다.

묵상을 위한 질문

1. 앨라배마 사람들이 조각상을 만들면서까지 목화바구미를 기리는 이유는 무엇인가?

2. 현재 당신의 삶 가운데 존재하는 목화바구미는 무엇인가? 도저히 극복할 수 없을 것처럼 느껴지는 어려움 혹은 시련은 무엇인가?

   - 이 해충은 당신의 일상에 어떤 영향을 미치는가?
   - 이 해충은 당신의 믿음에 어떤 영향을 미치는가?

3. 에스더 이야기에서 목화바구미는 무엇이며, 에스더와 모르드개는 결국 그것을 어떻게 했는가? 이것은 당신이 살면서 만나는 해충들에 대해 무엇을 말해주는가?

4. 부림절은 어떤 날이고, 누가 어떻게 지키는가?

   - 모르드개는 왜 페르시아의 각 지방에 있는 모든 유대인에게 이날을 지키라고 했을까?
   - 이런 날을 기억하는 게 왜 중요할까?
   - 당신에게는 종교적으로나 사회적으로, 혹은 개인적으로 특별히 지키는 기념일이 있는가?
   - 당신은 왜 그리고 어떻게 이날을 기념하는가?

5. 저자는 말한다. "믿음의 사람들이 하나님이 승리하신 날로 돌아가 그날을 기념하는 이틀간의 축제에는 크나큰 가치가 있다. 우리는 곧잘 잊어버린다. 우리는 하나님이 우리를 대적하시는 게 아니라 우리를 위하신다는 것을 곧잘 잊어버린다."(206쪽)

- 우리는 왜 하나님의 신실하심을 곧잘 잊어버릴까?
- 하나님이 우리를 위하신다는 것을 잊어버릴 때 어떤 일이 일어나는가? 그것은 당신의 행동에 어떤 영향을 미치며, 다른 사람들이나 하나님과의 상호작용에는 또 어떤 영향을 미치는가?

6. 아우슈비츠의 동료 수감자들에게 부림절 이야기를 읽어준 J. J. 코헨의 이야기를 떠올려보라. 코헨은 이렇게 썼다. "마치 봇물이 터지듯 축제 분위기와 구원에 대한 비전이 수감자들의 깨어진 가슴에서 솟구쳐올랐다."(207쪽)

- 당신에게 이런 희망을 안겨준 이야기에는 어떤 것들이 있는가? 그것은 성경이나 영화, 책에 나오는 이야기인가? 친구에게서 들은 이야기인가?
- 그 이야기가 당신에게 그토록 큰 희망을 안겨준 이유는 무엇인가?
- 왜 이야기에는 우리에게 그토록 커다란 영향을 미치는 힘이 있을까?

7. 주일이면 많은 교회에서 최후의 만찬 때 예수님이 제자들에게 하신 말씀을 낭독함으로써 예수님이 십자가에 못 박히시기 전날 밤을 기념한다. "또 떡을 가져 감사 기도 하시고 떼어 그들에게 주시며 이르시되 이것은 너희를 위하여 주는 내 몸이라 너희가 이를 행하여 나를 기념하라 하시고 저녁 먹은 후에 잔도 그와 같이 하여 이르시되 이 잔은 내 피로 세우는 새 언약이니 곧 너희를 위하여 붓는 것이라"(눅 22:19-20).

- 한 주의 첫날에 성찬식을 하는 데는 어떤 의의가 있는가?
- 예수님은 왜 제자들에게 그분을 기념하여 이런 일을 행하라고 하셨을까?
- 당신이 성찬식에 참여할 때, 그 성찬식은 당신에게 어떤 의미인가?
- 떡과 포도주는 무엇을 나타내는가?

8. 제자들은 예수님이 십자가에 못 박히신 사건에서 어떤 좋은 것도 보지 못했다. 그들은 예수님이 영원히 세상을 떠나셨다고 생각했다. 그런데 어떤 일이 일어났는가?

- 예수님의 죽음은 어떻게 하나님의 권능을 나타내 보일 기회가 되었는가?
- 현재 당신이 직면한 어려움은 어떻게 하나님이 당신의 삶 가운데 역사하실 기회가 되는가?
- 과거에 당신이 맞닥뜨린 어려움은 어떻게 하나님이 당신의 삶 가운데 역사하실 기회가 되었는가?
- 그런 때를 기억하는 것이 어떻게 당신에게 희망을 주는가?

9. 기억은 이 장의 주요 주제였다. 당신은 하나님이 신실하셨던 어떤 때를 기념하고자 하는가? 화학 요법을 마쳤을 때? 어렵사리 일자리를 구했을 때? 그리스도를 만난 날에? 당신은 이날을 어떻게 기념하고자 하는가?

11장

당신은 이때를 위해 지음받았다

　나는 열두 살 때 여름 휴가를 떠나는 이웃들의 집을 봐주는 일을 하게 되었다. 그것은 그들의 아이디어였지, 내 아이디어가 아니었다. 그들에게는 잔디를 깎고, 애완동물에게 먹이를 주고, 정원에 물을 줄 누군가가 필요했다. 한마디로 그들은 집안의 모든 게 잘 관리되기를 바랐던 것이다. 그들은 그 일을 내게 부탁했다. 아니, 더 정확히 말하자면 우리 아버지에게 내가 그 일을 맡아줄지 알아봐달라고 부탁했다. 아버지는 내게 물어보지 않았다. 그냥 통보했다. 나는 그 일을 하고 싶지 않았다. 어쨌든 내겐 해야 할 일이 있었으므로. 소년야구단 활동도 해야 하고 자전거도 타야 하고, 어, 어, 어… 그 두 가지가 내가 생각할 수 있는 전부였다.

나는 어느새 그들 앞에 앉아서 해야 할 일을 받아적고 있었다. 집으로 돌아오는 길에 전에 느껴보지 못한 감정에 사로잡혔다. 그것은 과도한 업무량에 압도된 느낌이었다. 당신이 느끼는 중압감에 비하면 아무것도 아니라고 생각된다면, 부디 용서하시라. 당시 나는 겨우 열두 살이었다. 한 달간 세 집의 잔디를 깎고, 애완동물에게 먹이를 주고, 대문이 잘 잠겼는지 확인하는 것은 정말이지 보통 일이 아니었다. 한 집에서는 금붕어를 키웠는데, 나는 그때까지 금붕어를 키워본 적이 없었다. 금붕어가 먹이를 너무 많이 먹거나 너무 적게 먹어서 배를 드러내고 물 위에 둥둥 떠 있는 장면이 자꾸 머릿속에 떠올랐다.

그러나 이제는 돌이킬 수 없었다.

일을 하기로 한 첫날, 나는 야구 연습을 마친 후 서둘러 집에 돌아와 자전거를 타고 미친 듯이 페달을 밟았다. 세 집의 잔디를 깎고, 세 집의 대문을 확인하고, 세 집의 애완동물에게 먹이를 주고, 세 집의 정원에 물을 주는 것은 누구에게라도 벅찬 일이었다.

내가 '패닉'이라는 말의 의미를 알 것 같을 때 가운데 집 앞에 주차된 커다란 흰색 차가 눈에 들어왔다. 아버지의 픽업트럭이었다. 아버지가 거기 계셨다. 차고 문이 열려 있고 잔디 깎는 기계가 꺼내져 있었다.

아버지가 말했다.

"잔디를 깎기 시작하렴. 나는 꽃에 물을 줄 테니."

그 말과 함께 모든 게 달라졌다. 근심의 먹구름이 싹 걷혔다. 아버지와 함께였기에 나는 그 일을 마주할 수 있었다.

하늘 아버지는 당신과 함께하고 싶어 하신다.

고난의 시기는 힘든 시간일 수 있다. 우리는 절망에 빠져서 자기 안으로 파고든다. 다른 사람들에게서 등을 돌리고, 하나님에게서 등을 돌린다. 그리고 두려움이 가득한 냉소적인 사람이 되어간다. 절망적인 시간은 위험한 시기일 수 있다. 하지만 또한 성장의 시기, 하나님과 그분의 방식을 신뢰하고 하나님의 말씀을 의지하는 법을 배우는 시기가 될 수도 있다.

선택은 우리의 몫이다. 우리가 현명한 선택을 할 수 있도록 하나님은 우리에게 에스더서라는 놀라운 이야기를 주셨다. 에스더서에 대한 논의를 마치기 전에 이 책의 주요 대목을 다시 한번 살펴보기로 하자. 모르드개는 페르시아인처럼 행세하던 것을 그만둔다. 그는 자기 민족이 몰살을 당하게 되었다는 생각에 베옷을 입고 재를 뒤집어쓰며 슬퍼한다. 그리고 에스더에게 도움을 청한다.

에스더는 그의 청을 거절한다. 그녀가 어떻게 죽을 위험을 무릅쓰고 변덕스러운 아하수에로 왕 앞에 나아가 유대인들을 위해 탄원할 수 있겠는가? 에스더의 거절에 대한 모르드개의 답은 놀라우리만큼 엄숙하다.

이 때에 네가 만일 잠잠하여 말이 없으면 유다인은 다른 데로 말미암아 놓임과 구원을 얻으려니와 너와 네 아버지 집은 멸망하리라 네가 왕후의 자리를 얻은 것이 이 때를 위함이 아닌지 누가 알겠느냐 하니(에 4:14).

이것은 그냥 하는 말이 아니다. 모르드개는 더없이 진지하다. 그의 메시지는 원투 펀치다. 믿음에 대한 요청이고 행동에 대한 요청이다.

구원이 성취되리라는 것을 믿으라는 요청이다. 모르드개는 구원이 어떻게 이루어질지 알고 있었는가? 구원 계획을 제시할 수 있었는가? 그렇다고 생각할 만한 근거는 전혀 없다. 다만 그가 하나님의 말씀 위에 굳게 서 있었으리라고 짐작할 뿐이다. 모르드개는 유대 민족을 구원하시리라는 하나님의 약속을 기억했다.

하나님은…

- 그들의 하나님이 되고 그들은 하나님의 백성이 될 것이다(렘 32:36-38).
- 열방 가운데서 그들을 불러 모으실 것이다(겔 36:24-28).
- 그들을 통해 왕을 보내사 영원한 왕국을 세우실 것이다(삼하 7:16; 마 1:21).

모르드개는 하나님의 언약을 떠올렸다. 유대인들에게 혼란스러운 상황이 벌어질 것인가? 그렇다. 위기가 닥칠 것인가? 의심할 나위 없이 그렇다. 그러나 그 모든 것 위에 약속을 지키시는 하나님이 계셨다. 구원은 성취될 것이다! 이것이 모르드개가 에스더에게 주는 메시지였다. 그리고 하나님이 당신에게 주시는 메시지이기도 하다. 시련에 압도당하는 기분인가? 그렇다면 하나님이 당신 안에 있는 힘을 풀어 놓으시게 하라. 눈앞의 시련에 초점을 맞추지 말고 전능하신 하나님의 권능을 생각하라.

하나님이 아브라함과 사라에게 하신 약속을 기억하는가? 아브라함과 사라는 아기를 가질 수 있는 나이가 아니었지만, 하나님은 그들에게 아들을 약속하셨다. 사라는 자신이 아기를 낳는다는 생각에 속으로 웃었다. 그때 하나님이 말씀하셨다.

> 여호와께서 아브라함에게 이르시되 사라가 왜 웃으며 이르기를 내가 늙었거늘 어떻게 아들을 낳으리요 하느냐 여호와께 능하지 못한 일이 있겠느냐(창 18:13-14).

이것이 바로 우리가 물어야 할 질문이다. 하나님께 능하지 못한 일이 있겠는가? 문제가 너무 커서 하나님이 포기하신 적이 있는가? 하나님이 두 손을 드신 적이 있는가? 하나님이 고개를 저으시며 "나는 그 문제를 해결할 수 없다"라고 말씀하신 적이 있는가?

여기에 대한 답은 "아니요, 하나님께 능하지 못한 일은 없습니다"이다.

여기서부터 시작해야 한다. 산이 얼마나 높은지를 생각하지 말고 그 산을 만드신 분의 권능을 생각하라. 하나님께 당신이 만난 폭풍이 얼마나 큰지 말씀드리지 말고 폭풍에게 하나님이 얼마나 크신지 말하라. 당신의 문제는, 문제가 너무 크다는 게 아니라 하나님을 바라보는 당신의 시야가 너무 작다는 것이다.

시편 기자의 초대를 받아들이라. 그는 "나와 함께 여호와를 광대하시다 하며 함께 그의 이름을 높이세"라고 말한다(시 34:3). 우리는 두려움을 확대하는 경향이 있다. 우리는 의사의 진단이나 질병, 상환해야 할 대출금 등에 확대경을 놓고 본다.

그런 행동을 멈추라! 어려운 상황을 더 적게 생각하고 주님을 더 많이 생각하라. 문제를 더 적게 생각하고 주님의 권능을 더 많이 생각하라.

때때로 나는 교회가 하나님의 광대하심을 잊고 있는 게 아닌가 하는 생각이 든다. 주일에 교회에 가보면 편안한 의자에 앉아 우리를 편안하게 해주시는 하나님에 관한 편안한 메시지를 듣고 있는 사람들을 쉽게 발견할 수 있다.

우리는 하나님 앞에 모여 있지만, 과연 하나님을 아는가? 마귀가 하나님의 이름을 듣고 두려워서 달아나는 것을 아는가? 천사들이 창세 이래 줄곧 "거룩하다, 거룩하다, 거룩하다" 하고 노래해 왔지만, 아직까지도 하나님의 거룩하심에 관한 노래가 충분히 자주 불리지 않았음을 아는가? 하나님의 영광을 보고 이사야 선지자가 은혜를 구한 것과 모세가 바위틈으로 숨은 것을 아는가? 하나님의 장엄하심을 아는가? 하나님의 영광과 화염과 권능을 아는가? 만약 안다면 성소에 들어갈 때 헬멧과 보호장구를 착용하려 들 것이다.

우리는 경외감을 잃은 게 아닐까? 만약 그렇다면 어떤 결과가 빚어질까?

내 생각은 이렇다. 보잘것없는 하나님은 보잘것없는 마음을 낳고, 위대한 하나님은 성인을 낳는다.

당신의 하나님이 크신 하나님이 되게 하라.

"거룩하신 이가 이르시되 그런즉 너희가 나를 누구에게 비교하여 나를 그와 동등하게 하겠느냐"(사 40:25).

모세는 말한다. "여호와여 신 중에 주와 같은 자가 누구니이까 주와 같이 거룩함으로 영광스러우며 찬송할 만한 위엄이 있으며 기이한 일을 행하는 자가 누구니이까"(출 15:11).

시편 기자는 묻는다. "무릇 구름 위에서 능히 여호와와 비교할 자 누구며 신들 중에서 여호와와 같은 자 누구리이까"(시 89:6).

성 아우구스티누스는 이렇게 기도했다.

그렇다면 당신은 무엇인가요, 나의 하나님? 주 하나님이 아니라면 무엇이냐고 여쭙니다. 하나님 외에 주님이 누가 있겠습니까? 우리 하나님 이외에 누가 하나님이겠습니까? 하나님은 지극히 높으시고, 지극히 선하시고, 지극히 강력하시고, 지극히 능하시고, 지극히 자비로우신 동시에 지극히 공정하시고, 지극히 신비로우신 동시에 지극히 현존하시고, 지극히 아름다우시면서도 지극히 강하시고, 항상 계시되 도무지 헤아릴 길이 없습니다. 변함이 없으시면서도 모든 것을 변화시키시고, 결코 새롭거나 오래되지 않으시면서 모든 것을 새롭게 하십니다. 교만한 자들을 서서히 쇠하게 하시고, 늘 일하시고 늘 휴식하시며, 부족함이 없으시나 거두어들이시고, 모든 것을 이끄시고 채우시고 보호하시며, 창조하시고 돌보시고 완전케 하십니다.[1]

하나님이 하신 일을 생각해보라.

이제 모든 짐승에게 물어 보라 그것들이 네게 가르치리라
공중의 새에게 물어 보라 그것들이 또한 네게 말하리라
땅에게 말하라 네게 가르치리라
바다의 고기도 네게 설명하리라
이것들 중에 어느 것이
여호와의 손이 이를 행하신 줄을 알지 못하랴
모든 생물의 생명과
모든 사람의 육신의 목숨이 다 그의 손에 있느니라

(욥 12:7-10).

다음번에 세상살이가 힘들게 느껴지거든 세상을 만드신 분께 말씀드리라. 하나님을 더 많이 지각하게 될수록 시련의 크기는 더 줄어든다. 페르시아 왕의 마음을 흔드실 수 있는 하나님, 죽음을 생명으로

바꾸실 수 있고 대량학살이 예정되어 있던 날을 기념일로 바꾸실 수 있는 하나님이라면 당신을 돌보실 수도 있지 않겠는가?

당신이 페르시아에서 유랑하는 것을 보면 안타까운 마음이 든다. 당신의 깊은 상처와 고단함에 마음이 아프다. 당신이 '고통'과 '두려움,' '슬픔' 같은 단어의 의미를 너무 빨리 알아버려서 너무도 마음이 아프다.

나도 안다, 봄이 아주 멀게 느껴진다는 것을. 하지만 그렇지 않다, 친구여. 에스더 이야기는 비록 우리 눈에 보이지는 않지만 하나님이 일하고 계신다는 것을 믿으라고 촉구한다. 하나님은 깨어진 것들에서 생명을 이끌어내신다. 사도 바울의 다음과 같은 말은 에스더서를 잘 요약하고 있다. "우리가 알거니와 하나님을 사랑하는 자 곧 그의 뜻대로 부르심을 입은 자들에게는 모든 것이 합력하여 선을 이루느니라"(롬 8:28).

바울은 우리가 안다고 말한다. 인생에는 우리가 알지 못하는 게 너무나 많다. 우리는 경제 상황이 나빠질지 알지 못하고, 우리 팀이 이길지 알지 못한다. 자녀가 무슨 생각을 하고 있는지 알지 못하고, 배우자가 무슨 일을 하고 있는지 알지 못한다. 그러나 바울에 의하면 네 가지는 확실히 알 수 있다.

우리는 **하나님이 일하고 계신다**는 것을 안다. 하나님은 그 모든 소란스럽고 혼란스러운 사건의 배후에서 바쁘게 일하신다. 그분은 일을 멈추거나 자리를 뜨지 않으신다. 쉬지도 않으시고 지치지도 않으신다.

하나님은 **우리의 선을 위해** 끊임없이 일하신다. 우리의 안락함이나 즐거움을 위해서가 아니라 우리의 선을 위해 일하신다. 하나님 자신이 궁극의 선이신데 우리가 달리 무엇을 기대하겠는가?

그리고 일하실 때 하나님은 **모든 것**을 사용하신다. 모든 것에 해당하는 헬라어는 '파노라마'나 '팬데믹' 같은 단어에서 볼 수 있는 '판타'(Panta)이다. '판타'는 모든 것을 포괄한다는 뜻이다. 하나님은 몇 가지 것들이나 좋은 것들, 최상의 것들, 쉬운 것들만 사용하시는 게 아니라 모든 것을 사용하신다.

하나님은 그분을 사랑하는 사람들의 선을 위해 일하신다. 좋은 일은 하나님을 사랑하는 사람들에게 일어난다. 하나님의 섭리의 우산은 악하고 강퍅한 사람들까지 보호하지는 않는다. 그러나 하나님을 추구하는 사람들에게는 모든 것이 합력하여 선을 이룬다.

사람이 운명의 지배를 받는 꼭두각시 같다고? 당신은 아니다. 당신은 살아계시고 사랑이 많으신 하나님의 손안에서 안전하다. 인생이 서로 관련이 없는 여러 사건의 모음이라고? 전혀 그렇지 않다. 당신의 인생은 생명을 지으신 분, 당신의 지고의 선과 장대한 마지막을 위해 일하시는 분이 쓰신 잘 다듬어진 서사다.

구원은 성취될 것이다.

당신은 그 과정에 참여하고자 하는가?

내게는 전 세계가 트라우마 상태에 있는 것처럼 보인다.

사람들은 그들이 왜 태어났는지 어디로 가고 있는지 알지 못한다.

이 시대는 방법은 많이 알지만 이유는 거의 알지 못하는 시대다. 죄와 세속주의라는 보이지 않는 적이 우리를 혼란에 빠뜨렸다.

세상은 당신을 필요로 한다! 우리에게는 모르드개와 같은 결연함과 에스더와 같은 용기를 지닌 사람들이 필요하다. 세상은 혼돈의 소용돌이 속에서도 차분함을 유지할 수 있는 사람들을 절실히 필요로 한다.

전쟁으로 잿더미가 된 런던에 모인 그리스도인들 같은 사람들을 필요로 한다. 그 일요일 아침에 예배를 취소했다고 해도 그들을 나무랄 사람은 아무도 없을 것이다. 간밤의 공습으로 런던이 불바다가 되었기 때문이다. 많은 건물이 파괴되었고, 교회 벽도 무너져내렸다. 사람들이 교회에 도착했을 때 교회의 좌석은 재와 건물 잔해로 뒤덮여 있었다. 그러나 그들은 절망하기보다는 예배를 드리는 편을 택했다. 돌무더기 속에서 그들은 노래하기 시작했다.

> 교회의 참된 터는 우리 주 예수라.
> 그 귀한 말씀 위에 이 교회 세웠네.
> 주 예수 강림하사 피 흘려 샀으니
> 땅 위의 모든 교회 주님의 신부라.

그 용감한 영혼들이 상상되는가? 그들은 폭격을 맞은 곳에서 예배를 드렸다. 우리를 저버리시지 않는 하나님께 믿음을 두었다. 이 찬송가는 일종의 충고이자 무너져내리는 사회를 향한 진리의 선포다.

이 찬송가가 벤 로버트슨(Ben Robertson)을 살렸다고 해도 과언이 아니다. 로버트슨은 하루 전에 런던에 도착한 미국인 종군기자였다. 야간 공습은 그를 공포에 빠뜨렸다. 폭발과 사이렌과 부상당한 사람들의 울부짖는 소리는 그에게 인생 자체에 대한 절망을 안겨주었다.

그는 기도했다. "이것이 현대 문명이 우리에게 가져다주는 것이라면, 이것이 현대인이 이룰 수 있는 최상의 것이라면, 주님, 제 목숨을 거둬가 주십시오."

어느 순간 그는 꾸벅꾸벅 졸기 시작했는데, 생각지도 못한 찬송가 소리에 퍼뜩 정신이 들었다. 창밖을 내다보니 폐허 속에 사람들이 모여 있었다.

나중에 그는 이렇게 썼다. "불현듯 부서지지 않는 어떤 것(천 년을 견뎌온 어떤 것, 결코 파괴되지 않는 어떤 것)을 보았다. 예수님의 교회 안에 존재하는 성령과 생명과 권능을 보았다."[2]

폭탄은 지금도 떨어진다. 세상은 지금도 폭발한다. 지금도 건물 벽이 무너져내리고 팬데믹이 기승을 부린다. 그러나 그런 와중에도 하나님께는 여전히 그분의 백성이 있다. 그리고 그들이 무너져내리는 세상 속에서 하나님의 진리를 선포할 때 누가 변화될지 어떻게 아는가?

하나님은 이 모든 것의 한가운데에 계신다. 이 모든 고난과 시련 속에. 정면으로 부딪쳐오는 세찬 바람 속에.

당신은 시련에 압도되었다. 지칠 대로 지쳤다. 당신은 찬 바람을 맞을 준비가 되어 있지 않다. 그러나 눈을 들어 보라. 진입로 위에 아버지가 서 계신다. 이 순간 그분은 당신과 함께하신다. 당신이 이때를 위해 지음받았는지 누가 아는가?

묵상을 위한 질문

1. 저자는 열두 살 때 세 가족의 집을 봐주게 된 이야기를 들려준다. 그는 해야 할 일의 엄청난 양에 압도되었지만, 일을 시작한 첫날 한결 마음이 편안해졌다. 그 이유는 무엇인가?

   - 당신은 누군가의 존재로 인해 과중한 업무에 대한 중압감이 해낼 수 있다는 믿음으로 바뀐 적이 있는가? 만약 그렇다면 그 사람은 누구고, 그의 존재가 어떻게 당신의 마음을 편안하게 해주었는가?
   - 어려운 일을 홀로 마주하는 것과 다른 누군가와 함께 마주하는 것에는 어떤 차이가 있는가?

2. 이 책의 주요 대목을 다시 읽으라.

"이 때에 네가 만일 잠잠하여 말이 없으면 유다인은 다른 데로 말미암아 놓임과 구원을 얻으려니와 너와 네 아버지 집은 멸망하리라 네가 왕후의 자리를 얻은 것이 이 때를 위함이 아닌지 누가 알겠느냐 하니"(에 4:14).

   - 다음 빈칸을 채우라.
   "모르드개의 메시지는 원투 펀치다. _____에 대한 요청이고 _____에 대한 요청이다."(220쪽)
   - 유대 민족과 관련하여 에스더와 모르드개에게 주어진 약속은 무엇인가?
   - 모르드개는 어떻게 해서 이 같은 약속에 대한 믿음을 간직할 수 있었는가?

3. 당신은 약속을 지키시는 하나님의 속성을 어떻게 설명하고자 하는가?

- 하나님은 당신을 위해 어떤 약속을 지키셨는가?
- 하나님은 당신과 가까운 사람들을 위해 어떤 약속을 지키셨는가?
- 성경에는 하나님이 약속을 지키신 어떤 사례들이 나오는가?
- 당신은 몹시 힘들게 느껴지는 것들을 마주하기 위해 오늘 하나님의 어떤 약속을 믿어야 할까?

4. 저자에 의하면 두렵고 힘들 때 어디서부터 시작해야 하는가?(221-222쪽 참조)

- 당신의 '산'은 얼마나 큰가? 얼마나 오르기 힘들고, 그 이유는 무엇인가?
- 당신의 하나님은 얼마나 크신가? 혹은 얼마나 작으신가? 그 이유는 무엇인가?
- 당신은 경외감을 잃었는가? 만약 그렇다면 그 결과 어떤 일이 빚어졌는가?

5. 하나님은 어떻게 에스더의 삶을 통해 자신의 권능을 입증하셨는가?

- 하나님은 어떻게 모르드개의 삶을 통해 자신의 권능을 입증하셨는가?
- 하나님은 어떻게 아하수에로의 변화된 마음을 통해 자신의 권능을 입증하셨는가?
- 하나님은 어떻게 하만의 몰락을 통해 자신의 권능을 입증하셨는가?
- 위의 예 중 특히 어떤 것이 오늘 하나님이 당신의 삶 가운데 자신의 권능을 입증하시리라는 희망을 주는가?

6. 아래에 나오는 성 아우구스티누스의 글을 읽으라. 그리고 하나님을 묘사하는 데 사용된 단어들을 찾아서 밑줄을 그으라.

"그렇다면 당신은 무엇인가요, 나의 하나님? 주 하나님이 아니라면 무엇이냐고 여쭙니다. 하나님 외에 주님이 누가 있겠습니까? 우리 하나님 이외에 누가 하나님이겠습니까? 하나님은 지극히 높으시고, 지극히 선하시고, 지극히 강력하시고, 지극히 능하시고, 지극히 자비로우신 동시에 지극히 공정하시고, 지극히 신비로우신 동시에 지극히 현존하시고, 지극히 아름다우시면서도 지극히 강하시고, 항상 계시되 도무지 헤아릴 길이 없습니다. 변함이 없으시면서도 모든 것을 변화시키시고, 결코 새롭거나 오래되지 않으시면서 모든 것을 새롭게 하십니다. 교만한 자들을 서서히 쇠하게 하시고, 늘 일하시고 늘 휴식하시며, 부족함이 없으시나 거두어들이시고, 모든 것을 이끄시고 채우시고 보호하시며, 창조하시고 돌보시고 완전케 하십니다."

- 하나님에 관한 어떤 묘사가 특히 눈에 띄며, 그 이유는 무엇인가?
- 어떤 묘사가 현재 당신이 직면한 상황에 직접적으로 적용되며, 그 이유는 무엇인가?

7. 바울은 로마서에서 이렇게 썼다. "우리가 알거니와 하나님을 사랑하는 자 곧 그의 뜻대로 부르심을 입은 자들에게는 모든 것이 합력하여 선을 이루느니라"(롬 8:28).

- 이 말씀이 어떤 사람들에게는 그토록 의미 있게 다가오는 데 반해 어떤 사람들에게는 그토록 받아들이기 힘들게 느껴지는 이유는 무엇인가?
- 당신의 삶에서 이 말씀이 크게 의지가 된 적이 있는가? 그때의 상황을 이야기해 보라.
- 당신은 새 신자에게 이 말씀을 어떻게 설명하고자 하는가?

8. 당신이 힘든 시기를 보내는 동안 하나님은 어디에 계셨을까?

- 당신은 하나님의 임재를 더 많이 의식하게 되었는가? 만약 그렇다면, 어떻게 더 많이 의식하게 되었는가?
- 지금과 같은 힘든 시기에 당신이 이 책을 읽도록 하나님이 인도하셨을 수도 있지 않을까? 그렇다면 당신은 시련의 시기에 어떤 태도를 취하고 무엇을 기억해야 한다고 배웠는가?
- 당신이 지금 당장 실천할 수 있는 것은 무엇인가?

주

1장. 봄을 찾아서

1) "Map of the Persian Empire," Bible Study, https://www.biblestudy.org/maps/persian-empire-at-its-height.html.
2) Google maps, "Punjab, India to Khartoum," https://www.google.com/maps/dir/Punjab,+India/Khartoum/@23.9472385,34.6168536,4z/data=!3m1!4b1!4m15!4m14!1m5!1m1!1s0x391964aa569e7355:0x8fbd263103a38861!2m2!1d75.3412179!2d31.1471305!1m5!1m1!1s0x168e8fde9837cabf:0x191f55de7e67db40!2m2!1d32.5598994!2d15.5006544!3e2!4e1.
3) Karen H. Jobes, *Esther*, The NIV Application commentary (Grand Rapids, MI: Zondervan, 1999), 28.
4) Jobes, *Esther*, 96.
5) 또다른 책은 아가서다.

1막. 혼란: 믿음 없는 세상 안에서의 믿음

2장. 페르시아의 편안한 삶에 안주하지 말라

1) Karen H. Jobes, *Esther*, The NIV Application commentary (Grand Rapids, MI: Zondervan, 1999), 60.
2) Mike Cosper, *Faith Among the Faithless: Learning from Esther How to Live in a World Gone Mad* (Nashville, TN: Nelson Books, 2018), 3.
3) Jobes, *Esther*, 61. "그는 금괴와 은괴 4만 달란트(1,200톤)와 금화 9,000달란트(270톤)를

발견했다." 오늘날의 가치로 금 1톤이 4,550만 달러라고 할 때 1,200톤이면 546억 달러가 된다.
4) Rabbi Avie Gold, *Purim: Its Observance and Significance* (Brooklyn, NY: Mesorah Publications, 1991), 99.
5) 에 1:1.
6) 스 2:1-2; 3:8.
7) 스 7:1, 9.
8) Fiona MacRae, "Brain Scans Prove Porn Is as Addictive as Alcohol and Drugs," *Daily Mail*, September 23, 2013, https://www.news.com.au/lifestyle/relationships/brain-scans-prove-porn-is-as-addictive-as-alcohol-and-drugs/news-story/079a1c68c1e5823aec75fe769113dc86.
9) Uplift Families, "Pornography Changes the Brain," June 16, 2015, https://www.upliftfamilies.org/pornography_changes_the_brain.
10) Erin El Issa, "2020 American Household Credit Card Debt Study," Nerdwallet's, January 12, 2021, https://www.nerdwallet.com/blog/average-credit-card-debt-household/.
11) John Stonestreet and Brett Kunkle, *A Practical Guide to Culture: Helping the Next Generation Navigate Today's World* (Colorado Springs, CO: David C. Cook, 2017, 2020), 242-43.
12) "Alcohol Use and Your Health," Centers for Disease Control and Prevention, February 23, 2021, https://www.cdc.gov/alcohol/fact-sheets/alcohol-use.htm.
13) "Depression Symptoms Rise During Covid-19 Pandemic," *Physician's Weekly*, September 8, 2020, https://www.physiciansweekly.com/depression-symptoms-rise-

during-covid-19-pandemic.
14) Lauren Edmonds, "Divorce Rates in America Soar 34% during COVID; Surge Not Unexpected, Says Rose Law Group Partner and Family Law Director Kaine Fisher," Rose Law Group Reporter, https://roselawgroupreporter.com/2020/08/divorce-rates-in-america-soar-34-during-covid/.
15) Amanda Jackson, "A Crisis Mental-Health Hotline Has Seen an 891% Spike in Calls," CNN, April 10, 2020, cnn.com/2020/04/10/us/disaster-hotline-call-increase-wellness-trnd/index.html.
16) Jamie Ducharme, "U. S. Suicide Rates Are the Highest They've Been Since World War II," Time, June 20, 2019, https://time.com/5609124/us-suicide-rate-increase/.
17) Ryan Prior, "1 in 4 Young People Are Reporting Suicidal Thoughts. Here's How to Help," CNN, August 15, 2020, https://www.cnn.com/2020/08/14/health/young-people-suicidal-ideation-wellness/index.html.

3장. 두 이름을 가진 소녀

1) Joyce G. Baldwin, *Esther: An Introduction and Commentary*, Tyndale Old Testament Commentaries (Downers Grove, IL: InterVarsity, 1984), 66.
2) Karen H. Jobes, *Esther*, The NIV Application commentary (Grand Rapids, MI: Zondervan, 1999), 110.
3) Yoram Hazony, *God and Politics in Esther* (New York: Cambridge University Press, 2016), 18.
4) Ian M. Duguid, *Esther and Ruth*, Reformed Expository Commentary (Phillipsburg, NJ: P&R Publishing, 2005), 21.
5) Rabbi Meir in the *William Davidson Talmud*, Megillah 13a, p. 4, https://www.sefaria.org/Megillah.13a?lang=bi.
6) Duguid, *Esther and Ruth*, 21; Jobes, *Esther*, 96.

2막. 위기: 적대적인 사람들 속에서의 용기

4장. 절하기를 거부하다

1) Nabeel Qureshi, "What Does Jusus Have to Do with ISIS?" *Christian Post*, March 13, 2016, https://christianpost.com/news/what-does-jesus-have-to-do-with-isis.html.
2) Jaren Malsin, "Christians Mourn Their Relatives Beheaded by ISIS," *Time*, February 23,

2015, https://time.com/3718410/isis-copts-egypt/.
3) Rabbi Avie Gold, *Purim: Its Observance and Significance* (Brooklyn, NY: Mesorah Publications, 1991), 109.
4) "제가 이 일을 위해 2,000만 달러를 국고에 들여놓겠습니다."(에 3:9, The Living Bible)
5) Jenn Gidman, "Tragic Tale of the German Who Wouldn't Salute Hitler," *USA Today*, July 3, 2015, https://www.usatoday.com/story/news/world/2015/07/03german-no-salute-hitler-ex-nazi/29662195/; Alex Q. Arbuckle, "1936, The Man Who Folded His Arms: The Story of August Landmesser," https://mashable.com/2016/09/03/august-landmesser.
6) Gold, *Purim*, 47.
7) Thomas Philipose, "What Made a Non Believer Chadian Citizen Die for Christ, Along with His '20 Coptic Christian Friends'?" Malankara Orthodox Syrian Church, Diocese of Bombay, February 22, 2015, https://web.archive.org/web/20150312223941/http://bombayorthodoxdiocese.org/what-made-a-non-believer-chadian-citizen-die-for-christ-along-with-his-20-coptic-christian-friends/; Stefan J. Bos, "African Man Turns to Christ Moments Before Beheading," *BosNewsLife*, April 23, 2015, https://www.bosnewslife.com/2015/04/23/african-man-turns-to-christ-moments-before-beheading/#comments. Nabeel Qureshi, "What Does Jesus Have to Do with ISIS:?"

5장. 구원은 성취될 것이다

1) Jeff Kelly Lowenstein, "How a Little-Known Incident in 1956 Unnerved MLK," CNN, January 15, 2021, https://www.cnn.com/2021/01/15/opinions/martin-luther-king-jr-crisis-of-faith-lowenstein/index.html.

3막. 승리: 역사를 주관하시는 하나님

1) Yoram Hazony, *God and Poliltics in Esther* (New York: Cambridge University Press, 2016), 241. 미드라쉬에 의하면 모르드개는 세 명의 어린아이를 보았는데, 그들은 그에게 성경 구절을 들려주었다. 첫 번째 아이가 말했다. "너는 갑작스러운 두려움도 악인에게 닥치는 멸망도 두려워하지 말라"(잠 3:25). 두 번째 아이가 말했다. "너희는 함께 계획하라 그러나 끝내 이루지 못하리라 말을 해 보아라 끝내 시행되지 못하리라 이는 하나님이 우리와 함께 계심이니라"(사 8:10). 세 번째 아이가 말했다. "너희가 노년에 이르기까지 내가 그리하겠고 백발이 되기까지 내가 너희를 품을 것이라 내가 지었은즉 내가 업을 것이요 내가 품고 구하여 내리라"(사 46:4).

7장. 세세한 부분까지 계획되었다

1) "The Butterfly Effect: Everything You Need to Know About This Powerful Mental Model," Farnam Street fs (blog), https://fs.blog/2017/08/the-butterfly-effect/.
2) 몇몇 기록에 의하면 하만은 모르드개가 그의 목을 밟고 말에 오를 수 있도록 몸을 낮춰야 했다고 한다.
3) David Aikman, *Great Souls: Six Who Changed the Century* (Nashville, TN: Word, 1998), 128–52.
4) Aleksandr Solzhenitsyn, *The Gulag Archipelago 1918-56: An Experiment in Literary Investigation* (London: Harvill Press, 1986), 309–10.
5) Solzhenitsyn, *The Gulag Archipelago*, 312.

8장. 악인은 승리하지 못할 것이다

1) "Four O'Clock," *The Twilight Zone*, Wikipedia, https://twilightzone.fandom.com/wiki/Four_O%27Clock. https://en.wikipedia.org/wiki/Four_O%27Clock_(The_Twilight_zone).
2) John Phillips, *Exploring the Book of Daniel: An Expository Commentary* (Grand Rapids, MI: Kregel, 2004), 85.
3) Edward W. Goodrick and John R. Kohlenberger III, *The NIV Exhaustive Concordance* (Grand Rapids, MI: Zondervan, 1990), "wrath" 1276–77, "mercy" 748–49.
4) Kara Bettis, "How the 'World's Largest Family' Survived a Global Pandemic," *Christianity Today*, November 23, 2020, https://www.christianitytoday.com/ct/2020/december/charles-mulli-childrens-worlds-largest-family-covid.htm.

9장. 대반전의 하나님

1) 개인적으로 들은 이야기를 허락받고 사용함.
2) Vinh Chung, Tim Downs, *Where the Wind Leads: A Refugee Family's Miraculous Story of Loss, Rescue, and Redemption* (Nashville, TN: W Publishing, 2014), 3–4.
3) Chung, Where the Wind Leads, 204, Chung, *Where the Wind Leads*, YouTube, May 7, 2014, http://www.youtube.com/watch?v=j-e4qNfIbtg.

10장. 부림절의 사람들

1) Lorraine Boissoneault, "Why an Alabama Town Has a Monument Honoring the Most Destructive Pest in American history," *Smithsonian Magazine*, May 31, 2017, https://www.smithsonianmag.com/history/agricultural-pest-honored-herald-prosperity-enterprise-alabama-180963506/.

2) Yoram Hazony, *God and Politics in Esther* (New York: Cambridge University Press, 2016), 165.
3) Mike Cosper, *Faith Among the Faithless: Learning from Esther How to Live in a World Gone Mad* (Naxhville, TN: Nelson, 2018), 167.
4) Cosper, *Faith Among the Faithless*, 167.
5) Kathy DeGagné, "Purim—A Story of Redemption," Bridges for Peace, January 10, 2013, https://www.bridgesforpeace.com/article/purim-a-story-of-redemption/.
6) 개인적으로 들은 이야기를 허락받고 사용함.

11장. 당신은 이때를 위해 지음받았다

1) Fr. William Most, "Excerpts from St. Augustine," 1.4, EWTN, https://www.ewtn.com/catholicism/library/excerpts-from-st-augustine-9962.
2) Benjamin P. Browne, *Illustrations for Preaching* (Nashville, TN: Broadman, 1977), 72-73.

사명선언문

너희가 흠이 없고 순전하여……세상에서 그들 가운데 빛들로
나타내며 생명의 말씀을 밝혀 _ 빌 2:15-16

1. 생명을 담겠습니다
만드는 책에 주님 주신 생명을 담겠습니다.
그 책으로 복음을 선포하겠습니다.

2. 말씀을 밝히겠습니다
생명의 근본은 말씀입니다.
말씀을 밝혀 성도와 교회의 성장을 돕겠습니다.

3. 빛이 되겠습니다
시대와 영혼의 어두움을 밝혀 주님 앞으로 이끄는
빛이 되는 책을 만들겠습니다.

4. 순전히 행하겠습니다
책을 만들고 전하는 일과 경영하는 일에 부끄러움이 없는
정직함으로 행하겠습니다.

5. 끝까지 전파하겠습니다
모든 사람에게, 땅 끝까지, 주님 오시는 그날까지
복음을 전하는 사명을 다하겠습니다.

서점 안내

광화문점 서울시 종로구 새문안로 69 구세군회관 1층
02)737-2288 / 02)737-4623(F)

강남점 서울시 서초구 신반포로 177 반포쇼핑타운 3동 2층
02)595-1211 / 02)595-3549(F)

구로점 서울시 동작구 시흥대로 602, 3층 302호
02)858-8744 / 02)838 0653(T)

노원점 서울시 노원구 동일로 1366 삼봉빌딩 지하 1층
02)938-7979 / 02)3391-6169(F)

일산점 경기도 고양시 일산서구 중앙로 1391 레이크타운 지하 1층
031)916-8787 / 031)916-8788(F)

의정부점 경기도 의정부시 청사로47번길 12 성산타워 3층
031)845-0600 / 031)852-6930(F)

인터넷서점 www.lifebook.co.kr